WELTGESPÜR

IRRWEGE DER GEGENWART UND

AUSWEGE IN DIE ZUKUNFT

© 2021 Frank Baldus

Autor: Frank Baldus
Titelbild: Inga Baldus

Verlag & Druck:
tredition GmbH, Halenreie 40-44, 22359 Hamburg
ISBN:
978-3-347-32300-1 (Paperback)
978-3-347-32301-8 (Hardcover)
978-3-347-32302-5 (e-Book)

Bibliografische Information der Deutschen Nationalbibliothek: Die Deutsche Nationalbibliothek verzeichnet diese Publikation in der Deutschen Nationalbibliografie; detaillierte bibliografische Daten sind im Internet über http://dnb.d-nb.de abrufbar.

VORWORT DES AUTORS

Glaubst du auch, dass die Menschheit an einem enorm wichtigen Wendepunkt auf dem Weg in die Zukunft steht? Dass es gerade jetzt auf die nächsten Weichenstellungen ankommt? Fragst du dich manchmal, ob die Lenker dieser Welt den richtigen Kurs eingeschlagen haben oder ob sie die Probleme eher vergrößern? Wenn dies alles zutrifft, solltest du dieses Buch nicht beiseite legen.

Hast du eine Idee, was sich hinter dem Wort »Weltgespür« verbirgt? Erhoffst du dir neue Erkenntnisse über die Lage der Welt? Suchst du ein Buch, das Hoffnung macht?

Bestimmt gehörst du nicht zu den Gleichgültigen, die glauben, dass wir sowieso nichts am Lauf der Dinge verändern können. Vermutlich bist du ein interessierter und aufgeschlossener Mensch, der im Großen und Ganzen um die globalen Gefahren weiß und dem es nicht egal ist, was mit den Regenwäldern, dem Klima, den geschundenen Nutztieren und den Menschen in Deutschland, Syrien oder dem Kongo geschieht. Die Pandemie hat vielleicht auch bei dir Spuren hinterlassen und du weißt, dass alles auf der Erde vernetzt ist und das jede:r von uns einen Einfluss auf das Ganze hat.

Wenn dich dieses Buch auf den ersten Blick anspricht, dann glaubst du grundsätzlich an Wahrheit, Wissen und Hoffnung und hast sehr wahrscheinlich einen gesunden Menschenverstand.

Ich war immer schon offen für neue Denkwege und radikale Schlussfolgerungen, weil ich mich nur der Wahrheit verpflichtet fühle und nicht der Erhaltung bestimmter Gegebenheiten. Ich sehe den Tatsachen ins Auge, auch wenn sie ausweglos erscheinen, und glaube dennoch grundsätzlich an die menschlichen Fähigkeiten, jede Krise zu überwinden.

Doch das wird nur gelingen, wenn es genügend Menschen gibt, denen die Entwicklung der Welt nicht gleichgültig ist, die die Augen nicht verschließen und alles in Frage stellen, statt leichtfertig dem allgemeinen Trend zu folgen.

Falls du das ähnlich siehst, wird dir dieses Buch bestimmt neue Erkenntnisse bringen.

Es kann sein, dass du trotz deiner Zustimmung einen gewissen Argwohn hegst, während du dies liest. Du kennst den Autor nicht und möchtest weder Fake-News noch Verschwörungstheorien aufsitzen. Da sind wir ganz einer Meinung und ich hoffe, dass du dir diese Vorsicht bewahrst!

Lass mich ein wenig mehr von mir und diesem Buch berichten, damit du einschätzen kannst, ob es sich lohnt, mir Vertrauen zu schenken und weiterzulesen.

Seit ich denken kann, spüre ich eine innige Verbindung zu allem Leben und ich wünsche mir nichts sehnlicher, als dass es allen Wesen so gut wie möglich geht. Das ist mein größter Ansporn!

Schon früh lernte ich das ganzheitliche Denken der Systemtheorie kennen und es hat mich begeistert, wie einfach man damit der Wahrheit näher kommen kann. Es gibt Gesetzmäßigkeiten, die gleichermaßen für alle Gebilde im Universum gelten: für Planeten und Atome, für Lebewesen und Computer, für Wälder und menschliche Gesellschaften. Man muss sie nur konsequent anwenden! So gelangt man unter anderem zu Schlussfolgerungen, die Irrtümer offenbaren, denen wir unbemerkt tagtäglich aufsitzen. Allein diese Erkenntnis macht das ganzheitliche Denken so wertvoll!

Daraus wurde meine Lebensaufgabe, denn ich wollte ergründen, warum wir Menschen so sind, wie wir sind – eigennützig *und* selbstlos, engstirnig *und* weltoffen, kaltblütig *und* barmherzig – und warum wir trotz unserer geistigen Fähigkeiten offenbar nicht in der Lage sind, die globalen Probleme wirksam zu bekämpfen, deren Dringlichkeit in den letzten Jahren rapide gewachsen ist.

Dieser Aufgabe bin ich treu geblieben und habe ihr viel Lebenszeit geopfert. So stecken im ersten Teil dieses Buches – »Irrwege der Gegenwart« – Erfahrungen und Erkenntnisse aus fast 40 Jahren Einsatz für Mensch und Umwelt, aus unzähligen Überlegungen, Recherchen und Aufbereitungen etlicher Projekte, sowie aus meiner Arbeit als langjähriger Wikipedia-Autor.

Im Grunde beruhen die Gedankengänge in diesem Buch auf einer einfachen Logik und auf anerkanntem, leicht überprüfbarem Wissen. Wenn du dazu nicht gleich in die verwendete Literatur einsteigen möchtest, empfehle ich dir eine Recherche bei Wikipedia. Ich bin dort seit 2006 Autor und habe täglich Gelegenheit, Artikel auf ihren Wahrheitsgehalt zu überprüfen … und gegebenenfalls zu verbessern. Die Schwerpunkte meiner Arbeit betreffen vorwiegend Themen aus der Ökologie und anderen Bio- und Geowissenschaften, aus Ethnologie, Anthropologie, Archäologie und weiteren Sozialwissenschaften sowie aus dem Natur- und Umweltschutz.

Ein paar Worte zur Qualität der Wikipedia: Als ich meine Mitarbeit bei dem Wissensprojekt begann, habe mich gefragt, ob es der Sache förderlich ist, dass jeder oder jede x-beliebige Internet-Nutzer:in Artikel verändern kann. Zudem habe ich mich seither schon häufiger über den rüden Umgangston bei Diskussionen um Artikelinhalte geärgert. Doch heute stehe ich hundertprozentig hinter dem Projekt, denn die guten und wichtigen Artikel (unter anderem erkennbar an einer möglichst umfangreichen Zahl unterschiedlicher Einzelnachweise) stehen alle permanent unter Beobachtung mehrerer wahrheitsverliebter Autor:innen. So werden auch geschickt eingefügte Privat- und Verschwörungstheorien sowie unbelegte Behauptungen schnell erkannt und entfernt. Im Endeffekt führen alle »Wahrheitsverfälschungen« dazu, dass sich die Hauptautor:innen erneut mit den Inhalten beschäftigen, sodass die Aktualität und Güte der Artikel quasi automatisch immer besser werden *muss*.

Nach meiner Auffassung kann man die Wikipedia als ganzheitlicher Ansatz sehen, da nirgendwo sonst so viele unterschiedliche Interessen, Kenntnisse und Denkansätze unabhängig arbeitender Autor:innen aufeinandertreffen, um gemeinsam das bekannte Wissen umfassend, ausgewogen, (hoffentlich) verständlich und vor allem fächerübergreifend darzustellen. Eine daran angelehnte Arbeitsweise habe ich mir für dieses Buch zu eigen gemacht.

Ein weiteres Alleinstellungsmerkmal meines Buches ist die Schonungslosigkeit, mit der ich vorgegangen bin. So habe ich einfach alles in Frage gestellt – auch grundlegende Glaubenssätze, auf die unsere Gesellschaft seit einigen hundert Jahren baut, ohne ihre Berechtigung zu überprüfen: Etwa Wirtschaftswachstum und Wettbewerb, Eigentum und Vermögen, Arbeit und Fortschritt, Demokratie und Bildung.

Ich bin überzeugt davon, dass ich hier in hochverdichteter Form eine umfassende, schlüssige und verständliche Beschreibung der globalen Zusammenhänge vorlegen kann, die die wesentlichen Ursachen und die möglichen Folgen unseres Handelns offenbart. Ich gehe dabei kaum in die Tiefe, sondern verstehe mein Buch als »Fundament und Interessenwecker« für deine weiteren Recherchen.

Du wirst sehen, dass einige Schlussfolgerungen auf den ersten Blick ungewöhnlich sind und im Widerspruch zu gängigen Meinungen stehen, denn der Großteil des heutigen Wissens stammt zumeist *nicht* aus einer ganzheitlichen Denkweise. Betrachtet man eine Sache nur aus einem Blickwinkel, bleibt das Wissen unvollständig und man gelangt leicht zu falschen Schlüssen. Außerdem verbergen sich hinter den Aussagen mancher Menschen persönliche Absichten, die ganz andere Dinge verfolgen als die Wahrheit.

Ich würde mich freuen, wenn du meine Gedankengänge für nachvollziehbar hältst und zu ähnlichen Schlüssen gelangst!

Auf dieser Grundlage kann die Erkenntnis reifen, welche Maßnahmen für unsere Zukunft sinnvoll und welche abträglich sind. Jeder Mensch sollte wissen, um was es geht – weil wir alle Einfluss haben!

Es kann sein, dass der erste Teil des Buches wenig Hoffnung macht. Die Lage ist ernst und manche Auswege erscheinen derzeit unerreichbar. Es würde mich wundern, wenn das keine Ängste weckt. Doch je mehr wir über ein Problem wissen, desto besser stehen die Chancen, es zu lösen! Es macht wenig Sinn, sich falschen Vorstellungen hinzugeben oder den Kopf in den Sand zu stecken.

Es gibt bereits viele Menschen, die sich nicht beirren lassen und tatkräftig nach Wegen aus der Krise suchen. Leider kommen solche Ansätze in den seltensten Fällen von Vertreter:innen aus Politik oder Wirtschaft, die sich – oftmals trotz besseren Wissens – nicht von den alten Wegen abbringen lassen. Das sind Wege, die zwar im Moment unseren Wohlstand sichern, aber gleichzeitig zu den globalen Problemen führen, die es zu überwinden gilt.

So findet man die »wahren Hoffnungsträger:innen« vor allem in Nichtregierungsorganisationen ganz unterschiedlicher Zielsetzung. Einige von ihnen möchte ich dir im zweiten Teil des Buches – »Auswege in die Zukunft« – vorstellen.

Ich hoffe, dich und andere Leser:innen mit den 100 genannten Organisationen und Projekten in 22 kurzen Kapiteln anregen zu können, sich in irgendeiner Weise selbst mit einzubringen. Wenn wir bereit sind, unser Handeln immer wieder kritisch zu hinterfragen, unser Selbstverständnis neu zu erfinden und ganz neue Wege einzuschlagen, besteht durchaus Grund zur Hoffnung!

Wir können noch »ganz Mensch« werden, wenn wir wollen! Beginnen wir jetzt damit!

Wuppertal, 12. Juni 2021   Frank Baldus

INHALT

Teil 2 – Auswege in die Zukunft.....................125

TEIL 1

Irrwege der Gegenwart

»Die Welt ist Dunkelheit; Wissen ist Licht;
aber Wissen ohne Wahrheit ist nichts als ein Schatten.«

Ali ibn Abi Talib (um 600–661)

EINLEITUNG UND ZIEL
Ganz Mensch werden

Verwendete Literatur: [31], [51], [85]

Im ersten Teil dieses Buches möchte ich dir die wesentlichen »Irrwege der Gegenwart« in 26 kurz gefassten Artikeln von A bis Z vorstellen. Sie greifen weitestgehend alle Themen auf, die für unser heutiges Leben eine Bedeutung haben. Es sind hoch verdichtete Informationen ohne überflüssige Ausschmückungen oder Fremdworte, die dich direkt zu den wesentlichen Aussagen bringen.

Fett geschriebene Worte und Pfeile verweisen auf den gleichnamigen Artikel. Im Anhang des Buches findet sich überdies ein umfangreiches Schlagwortverzeichnis.

Jeder Artikel endet mit der Seite »Lösungsansätze / *Einschätzung*«. Dort wird zum einen angerissen, welche Lösungsansätze für die im Artikel beschriebenen Problemstellungen sinnvoll und optimal wären und zum anderen, wie der Autor die Erfolgsaussichten dieser Ansätze *persönlich* einschätzt. Beides ist jeweils nur als Denkansatz zu verstehen.

Dreh- und Angelpunkt dieses Buches ist eine *ganzheitliche* Denkweise. Dazu sollte man eine klare Vorstellung von Ganzheiten (Systemen) haben:

»Das Ganze ist mehr als die Summe seiner Teile«

Ein System ist ein Gebilde, das aus verschiedenen Einzelteilen bestehen, die miteinander wechselwirken, indem sie verschiedene Stoffe, Energie oder Informationen austauschen, um bestimmte Eigenschaften des Ganzen zu ermöglichen und zu erhalten.

Dabei kann es sich um einen Computer, ein Lebewesen, ein Atom oder einen Stern, aber auch um eine Firma oder einen Staat handeln. Sie alle unterliegen im Wesentlichen den gleichen Regeln – und sie alle weisen Eigenschaften auf, die aus der Betrachtung der Bausteine *allein* nicht zu erklären sind. Solch ein neues, zusätzliches »Mehr als die Summe der Teile« finden wir bei allen Ganzheiten.

Bei uns Menschen ist das vor allem unser Geist, dessen Besonderheiten und Funktionen sich nicht allein aus der Summe aller Nervenzellen unseres Gehirns erschließen …

Kennt man die allgemeingültigen Gesetzmäßigkeiten der Ordnung, lassen sich auch ohne genaue Kenntnisse über die Einzelteile, wahrscheinliche Aussagen über jegliches untersuchtes System treffen – weitgehend unabhängig davon, um *welches* System es sich dabei genau handelt.

Da diese Regeln nicht nur in der Gegenwart wirken, sondern seit jeher dem Wandel zugrunde liegen, gehört zu einer ganzheitlichen Untersuchung auch eine Betrachtung des zeitlichen Werdegangs, um einschätzen zu können, wann, wie und warum es zu einer bestimmten Entwicklung kam. Auch aus diesem Blickwinkel erscheinen manche Gegebenheiten in einem völlig neuen Licht.

Entscheidend ist dabei, dass man auch an bekannte Dinge herangeht, als würde man sie zum ersten Mal durchdenken. Das bedeutet, sorgsam darauf zu achten, nicht in alte Denkmuster abzugleiten. Das sind vor allem Vorurteile gegenüber anderen Menschen oder Vorstellungen. Ebenso gehören unbewiesene Behauptungen dazu, wie etwa »Ohne Wettbewerb gäbe es keinen Fortschritt«, »Ein bedingungsloses Grundeinkommen für alle Bürger:innen bremst den Arbeitswillen«. Oder auch viele Aussagen von Interessenvertreter:innen der Industrie, wie beispielsweise folgende Mutmaßung von Rafael Grossi, Chef der Internationalen Atomenergiebehörde: »Jeder Weg zur Erreichung der im Pariser Abkommen festgelegten Zwei-Grad-Schwelle ist ohne Atomkraft nahezu unmöglich«.

Leider begegnen uns solche eigennützigen oder vorschnellen Behauptungen bis hin zu völlig absurden Ideen im Zeitalter des Internets praktisch täglich in einem unglaublichen Ausmaß, sodass die Vorsicht gegenüber dem Unwahren nicht oft genug erwähnt werden kann!

Während Wissenschaftler:innen geschult werden, möglichst viel über sehr wenig herauszufinden, um daraus Schlüsse zu ziehen – kann ein »ganzheitlich geschulter Menschenverstand« umgekehrt von verhältnismäßig wenigen großen Zusammenhängen auf die kleinen schließen – wenn er die entscheidenden Fakten kennt.

Es ist ein Ansatz, die Welt gewissermaßen von oben zu betrachten, wie ein Astronaut, der die Erde bei jedem Blick aus dem Fenster von seinem Raumschiff aus als Ganzes sieht:

In ihrer ganzen, wunderbaren, vollständigen, nicht wirklich fassbaren Schönheit und Verletzlichkeit.

ARBEIT

Unter zunehmendem Druck

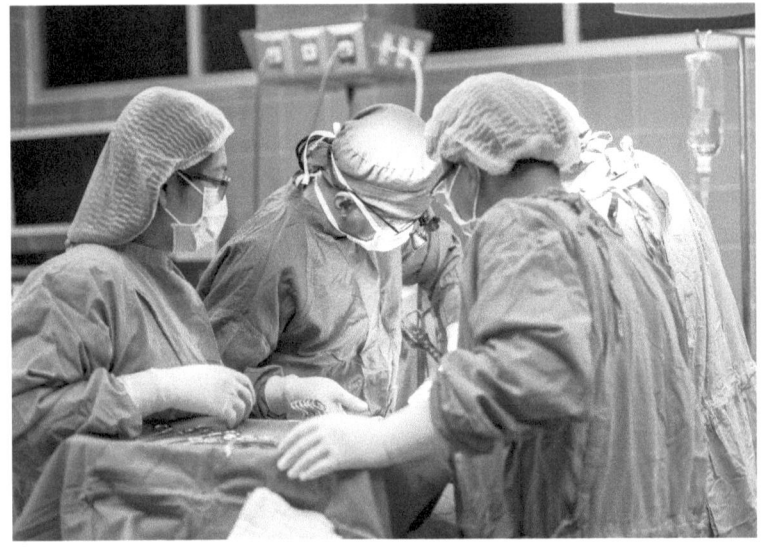

Verwendete Literatur: [13], [14], [34], [45], [48], [55]

»Stress und Überlastung zwingen immer mehr Arbeiter zu Fehltagen«

Das ist eine Schlagzeile aus der Presse. Sind wir weniger belastbar als unsere Großeltern, deren Alltag noch viel stärker von körperlicher Arbeit geprägt war? Oder sind die vielen *Burnouts* nur vorgeschoben, um der Arbeitswelt für eine Weile entfliehen zu können? Das sind böswillige Mutmaßungen. Die eigentlichen Ursachen für den zunehmenden Druck liegen woanders:

Ohne Wachstum kann praktisch kein Betrieb längere Zeit überleben. Je größer die Zahl der Wettbewerber, die ähnliche Waren oder Dienstleistungen anbieten, und je höher die Kosten, desto schwieriger ist es für die Firmen, immer mehr Geld zu erwirtschaften. Deshalb muss die Produktionsmenge stetig vergrößert werden.

Hinzu kommt eine mathematische Tatsache von entscheidender Bedeutung: Die Prozentwerte für das Wachstum der **Wirtschaft** beziehen sich immer auf das bisher schon erwirtschaftete Kapital. Je mehr (erfolgreiche) Jahre vergehen, desto höher ist das Kapital einer Firma und desto mehr muss demnach für *dieselbe* prozentuale Wachstumsrate erwirtschaftet werden. Drei Prozent im Jahr 2020 erfordern daher einen viel größeren Aufwand als drei Prozent im Jahr 1980. Das ist entscheidend, wird aber fast nie erwähnt.

Dieser »Wachstumszwang« kann zwar zu neuen Arbeitsplätzen führen, doch er verursacht auch einen erheblichen Druck auf die Werktätigen: Immer mehr Leistung bei gleichen Löhnen, sodass der Stress immer größer wird. Auch wenn die Darstellung sehr vereinfacht ist und viele weitere Faktoren fehlen, ändert das nichts an der Zwangsläufigkeit dieser mathematischen Logik.

Es gibt noch eine weitere Ursache für zunehmenden Stress in der Arbeitswelt. Alle **Menschen** suchen ihren Vorteil, um ihr **Leben** so gut es geht zu gestalten. Dieser »Eigennutz der Gene« ist vom Grundsatz her überlebenswichtig, denn nur so können wir uns erfolgreich weiterentwickeln und den Anforderungen des Lebens gerecht werden. Die wachstumsorientierte Arbeitswelt lenkt diesen *Drang* jedoch zuerst auf Erfolg und Karriere im Beruf. Je größer der Druck wird, um sich im Job zu behaupten, und je mehr sich die Arbeitnehmer:innen vereinnahmen lassen, um die gewünschte Anerkennung zu bekommen, desto mehr kann die Arbeitswelt den gesamten Alltag bestimmen. Dabei können viele andere wichtige Dinge auf der Strecke bleiben: Entspannung, Gesundheit, Familie ... bis hin zur Auseinandersetzung mit den weltweiten Problemen, die uns alle betreffen.

Schlussendlich haben vor allem Einkommen und Vermögen einen erheblichen Einfluss auf unser Leben, denn Geldbesitz beeinflusst maßgeblich **Bildung**, Lebensstil und Wertvorstellungen eines Menschen und somit auch seine Auffassung von **Gemeinschaft** und **Sicherheit**. Obwohl die Tarifverhandlungen hier für Gerechtigkeit sorgen sollen, bestehen heute enorme Einkommensunterschiede, die nichts mehr mit dem tatsächlichen Wert einer bestimmten Arbeit zu tun haben! Die sehr große Spanne zwischen Niedriglohn und Top-Verdienst fördert die Ungleichheit der Menschen. So entzieht der Reichtum einiger Weniger *(sprich: die Gesamtvermögen aus jahrzehntelanger Vermehrung von Geldern, die nicht zum Leben benötigt werden oder der produzierenden Wirtschaft dienen)* der Gesellschaft Mittel, die dringend für das Gemeinwohl benötigt würden. Als Beispiel zur Veranschaulichung dieser Aussage eignet sich etwa ein Vergleich des rund 160 Mrd. Euro großen »Corona-Lochs« im deutschen Staatshaushalt von 2020 mit den über 700 Milliarden Euro Privatvermögen der 500 reichsten Deutschen.

Ein weiteres Gedankenspiel bezieht sich auf die Ungleichheit der Einkommen: Würde man *alle* Nettoeinkommen in Deutschland radikal nach Kopfzahl umverteilen – losgelöst von Alter, Bildungsstand, Beruf und Herkunft der Menschen –, hätte nach Berechnungen der OECD im Jahr 2015 *jede:r* Deutsche rund 32.000 Euro verdient (das entspräche über 10.500 Euro *pro Monat* für eine Familie mit zwei Kindern – *ohne* Verteilung der vorhandenen Vermögen).

Würden Vermögen und Einkommen gerechter verteilt, bräuchten wir alle wesentlich weniger arbeiten, könnten mit 60 in Rente gehen und Kinder- oder Altersarmut wären Fremdworte.

Das Modell der einheitlichen Gleichbehandlung der Menschen stammt von traditionellen Jäger- und Sammlerkulturen, die keine Leistungsorientierung kannten und die von einigen Völkerkundlern als »ursprüngliche Wohlstandsgesellschaft« bezeichnet wurden.

Deswegen sollten wir nie vergessen, dass insbesondere die Bedingungen bei den Themen Arbeit und Geld nicht auf einer naturgesetzlichen **Ordnung** beruhen, sondern auf gesellschaftlichen Vereinbarungen, die vom Grundsatz her veränderbar sind!

Lösungsansätze / *Einschätzung*

Politik:
Die Abkehr vom Wachstumszwang im Rahmen einer kompletten Neugestaltung des globalen Wirtschaftssystems und eine gerechtere Entlohnung würde die Teufelskreise von Leistungsdruck und Einkommensunterschieden beheben. Ein erster Schritt wäre ein bedingungsloses Grundeinkommen, um unabhängig von Arbeitsleistung oder persönlichem Glück allen Bürger:innen eine Teilhabe am Gesamterfolg der Gesellschaft zu ermöglichen. Radikal, aber sozial wahrscheinlich vertretbar und höchst hilfreich für die Gesellschaft wäre auch eine Obergrenze für Vermögen mit entsprechender Reichenabgabe.

Um die Wirtschaft grundlegend zu verändern, müsste sich die Gesellschaft vorab fragen, ob grenzenloses Privateigentum, die Länge der Arbeitszeiten, die Bewertung aller Dinge in Geldeinheiten und die Machtfülle der Reichen noch zeitgemäß sind. Wichtige Arbeit leisten hier unter anderem die Globalisisierungsgegner:innen – zum Beispiel von attac – oder Bürgerinitiativen wie »Arbeitszeitverkürzung jetzt« (beide → Teil 2).

Arbeitnehmer:innen:
Mitgliedschaft in einer Gewerkschaft (DGB → **Teil 2**), um für mehr Freizeit und Lohn zu kämpfen.

Je größer die Gewerkschaften, desto größer ihr Einfluss. Auf diese Weise könnte die Zunahme von Ungleichheit und Stress sicherlich verlangsamt werden. Allerdings sind Gewerkschaften Teil des derzeitigen Systems, sodass sie einen grundsätzlichen Wandel wohl kaum fördern würden.

Politischer Einsatz für das bedingungslose Grundeinkommen und neue Modelle der Zusammenarbeit in Betrieben.

Pilotprojekte in einigen Ländern sind ein Anfang. Beispielhaft für einen Betrieb mit maximaler Mitbestimmung und Freiheit aller Mitarbeiter:innen ist Locura in Köln (→ Teil 2).

BILDUNG

Puzzle im Kopf

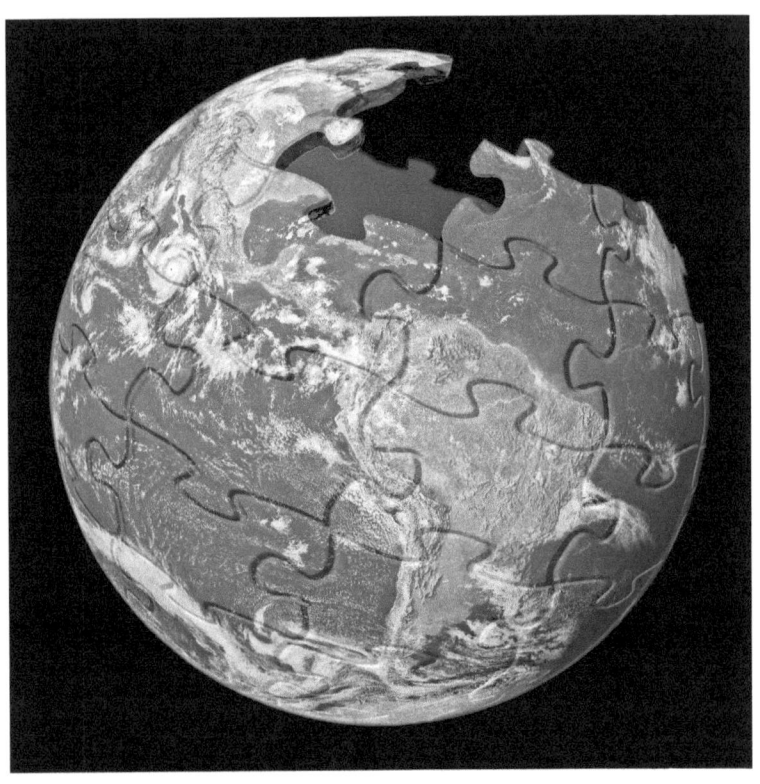

Verwendete Literatur: [37], [53], [54], [76], [83], [97]

Um über Bildung zu sprechen, müssen wir zuerst einmal verstehen, was das genau ist:

»Bildung ist das unfertige Puzzle aus Informationen, das die Welt in den Köpfen eines jeden Menschen – mehr oder weniger richtig – abbildet. Je mehr Teile jemand zusammengefügt hat und je weniger und kleiner die Lücken sind, desto eher wird das `Große Ganze´ erkennbar.«

Bildung ist nach dieser Beschreibung das Ausmaß, wie weitgehend das Weltbild eines **Menschen** mit der Wirklichkeit übereinstimmt. Um eine möglichst große Bildung zu erlangen, brauchen wir drei Dinge: Zuerst eine umfassende Sammlung breit gefächerten Wissens. Dann die Fähigkeit, wahr und falsch voneinander unterscheiden zu können. Und schließlich ein gutes Vorstellungsvermögen, um die entscheidenden Zusammenhänge zu erkennen.

In diesem Sinne kann man einen großen Vorrat an Wissen über alles Mögliche besitzen und dennoch wenig gebildet sein. Oder man fügt die Teile falsch zusammen – weil man nicht sorgfältig geprüft und nachgedacht hat – und bildet sich nur ein, das sei die Wahrheit.

Zu allen Zeiten waren Menschen wissbegierig und bildeten sich nach ihren Möglichkeiten. Dabei sollte man die ungeplante Bildung in der Frühzeit nicht geringschätzen, denn sie führte zu wirklichkeitsnahem und alltagsverwendbarem Wissen: Gemeinschaften, die seit Jahrtausenden direkt in und mit der **Natur** lebten, entwickelten dabei ein feines Gespür für die Welt und ihre Zusammenhänge (→ **Yin und Yang**). Noch heute können wir uns von der ganzheitlichen Bildung naturnah lebender Völker überzeugen. Solche Menschen sind in der Lage, Veränderungen und Gefahren in ihrer **Umwelt** zu erkennen, obwohl sie keine wissenschaftlich gesicherten Kenntnisse (→ **»X«**) über Einzelheiten und Zusammenhänge haben. Trotz ihres Glaubens an Geister und Magie (→ **Religion**) – der die fehlenden »Puzzlesteine« ersetzt – sind ihre Weltbilder perfekt ihrer Lebenswirklichkeit angepasst.

Die moderne Weltbevölkerung wird hingegen von Geburt an mit Allgemeinwissen gefüttert, das zum großen Teil keinen direkten Bezug zu ihrem Alltag hat und vor allem auf »einzelheitlichen« Betrachtungen beruht. Das Schulwissen wird aufgrund stetig wachsender Erkenntnisse immer komplizierter und umfangreicher. Hinzu kommt eine unüberschaubare Vielfalt an beliebigem Wissen aus dem Freizeitbereich: zur Selbstverwirklichung und zur Erhöhung der Lebens**qualität**. Auch das ist wichtig, doch diese »Informationsflut« hat dazu geführt, dass sich zunehmend mehr Menschen nicht mehr auf längere Texte konzentrieren können und es fällt allgemein schwerer, Wichtiges von Unwichtigem zu unterscheiden.

Trotz weitreichender Bildungsangebote wissen wir häufig *»sehr viel über sehr wenig«* und *»sehr wenig über sehr viel«*. Das trifft nicht nur auf die Bürger:innen zu, sondern ebenso auf die Volksvertreter:innen in **Demokratien**. Eine solchermaßen »eingeschränkte« Bildung macht Beeinflussungen durch die **Wirtschaft** und Fehlentscheidungen – die etwa negative Einflüsse auf **Natur** und **Umwelt** nicht ausreichend berücksichtigen – wahrscheinlicher.

Für die **Zukunft** der Menschheit ist es in der globalisierten Welt von entscheidender Bedeutung, was jede:r Einzelne – neben der nützlichen Alltagsbildung – über die Nebenwirkungen des eigenen Handelns weiß! Dazu müssen wir zuerst einmal erkennen, dass uns alles Mögliche eingeredet werden soll: Von Politiker:innen, die gewählt werden möchten (Extrembeispiel: Präsident Trump); von der Werbung, die uns zum kaufen verleiten soll; von Menschen mit unterschiedlichsten Interessen, die uns auf ihre Seite ziehen wollen.

Bildung heißt daher in erster Linie: Selbst denken, untersuchen und Schlüsse ziehen können!

Eine ganzheitliche Bildung von Kindheit an – wie etwa nach der Methode der Deutschen Montessori Gesellschaft (→ **Teil 2**) – schärft hingegen den Blick für Zusammenhänge, verringert die Gefahr voreiliger Schlussfolgerungen und fördert die Fähigkeit zur freien Meinungsbildung. Ganzheitlich gebildete Menschen erfassen schneller, welchen Platz die Dinge in der Welt haben (→ **Ordnung**) und berücksichtigen bei ihren Überlegungen neben den Sachargumenten auch Wertvorstellungen wie Verständnis und Respekt.

Auf dieser Grundlage wächst die Chance, Verbundenheit und Liebe zu allem Leben zu entwickeln. Dies wiederum ermöglicht einen ehrfürchtigen Blick auf die Schönheit und Vollkommenheit des *»Großen Ganzen«*, der unseren »unwissenden« Vorfahren noch allgemein vertraut war. Damit könnte die Bildung das Fundament für ein neues, erdverbundenes Wir-Gefühl als globale **Gemeinschaft** legen.

Lösungsansätze / *Einschätzung*

Staat:
Eine ganzheitliche, stärker umwelt- und sozialpolitisch sowie an den Grundwerten des Zusammenlebens orientierte Bildung sollte in Schule und Medien massiv gefördert werden.

Das Leben in der modernen Welt erfordert spezielle »einzelheitliche« Kenntnisse, die natürlich auch in ganzheitlichen Bildungskonzepten berücksichtigt werden müssten. Das gilt auch für die vielfältigen Verlockungen der Konsumgesellschaft.

Bürger:innen:
Interesse, Bewusstsein und Einsatz für **Umwelt** und Soziales entwickeln. Vorschulkinder im Waldkindergarten anmelden (→ **Teil 2**). Wenn möglich, ganzheitlich orientierte Schulen wie etwa nach Maria Montessori bevorzugen (→ **Teil 2**).

Je nach Wohnort sind die Angebote und Möglichkeiten eingeschränkt und erfordern eigene Ideen und erheblichen Einsatz. Für die Kinder lohnt sich jedoch allemal!

War die Entfaltung von Tugenden bei erdverbundenen Völkern noch ganz selbstverständlich, so ist Bildung heute oftmals auf das reine Fachwissen beschränkt. Das Virtues Project (→ **Teil 2**) besinnt sich auf die Tugenden und Werte zurück und bietet entsprechende Bildungsangebote an.

Charakterbildung ist unverzichtbar.

CHRISTENTUM & CO.
Versteckte Fundamente

Verwendete Literatur: [2], [22], [84], [90]

In einer arabischen Ausgabe dieses Buches stünde hier nicht »Christentum«, sondern »Islam«, in einer indischen »Hinduismus«, in einer chinesischen »Die drei Lehren« und so weiter. Das heißt, es geht in diesem Kapitel *nicht* um den Glauben an den Gott der Christenheit oder um **Religion** im Allgemeinen, sondern es geht um die typischen Prägungen jeder Kultur durch die vorherrschende Religion – und was das für die Menschen bedeutet.

Nicht gläubige Leser:innen werden vielleicht sagen, dass die Religion für sie keine Rolle spiele, doch das wäre sicherlich zu voreilig: Nicht nur die landestypischen Bräuche, sondern ebenso unsere Wertvorstellungen (→ **Verantwortung**) bis hin zur Sinnfindung (→ **Yin und Yang**) sind auch von der Religion geprägt. Und die westliche Kultur trägt unverkennbar den Stempel des Christentums:

Vieles, was wir **Fortschritt** nennen, hängt nicht zuletzt mit der christlichen Auffassung zusammen, dass der Mensch allen anderen Lebewesen überlegen sei und sie beherrschen darf.

In unseren Moralvorstellungen und in den Gesetzen der modernen Staaten bis hin zu den internationalen Menschenrechten ist der Einfluss der zehn Gebote unverkennbar.

Der Wunsch nach einem möglichst langen **Leben** – der den meisten von uns selbstverständlich erscheint – geht auf die christliche Idee zurück, dass jede:r nur einmal lebt. Menschen, die an einen Kreislauf ewiger Wiedergeburten glauben, sehen das möglicherweise anders. An dieser Stelle darf auch der Hinweis nicht fehlen, dass es weder für die christliche noch für die fernöstliche oder irgendeine andere Vorstellung von der Zeit nach unserem Tod wissenschaftliche Beweise gibt (→ **Zukunft**).

Selbst die völlig normal erscheinende Anerkennung einer Rangordnung beruht unverkennbar auf christlichen Vorgaben: Sie reicht von wenigen Führungspersonen (immer noch meistenteils Männer) in Stufen abwärts bis hin zu den »armen Sündern«, die ohne Hab und Gut nur von der »gesetzlich verankerten Nächstenliebe« leben können.

Obwohl solche althergebrachten Werte durch die Erkenntnisse der modernen Wissenschaft (→ **»X«**) mehr und mehr hinterfragt werden, wird insbesondere im Zusammenhang mit der Globalisierung (→ **Wirtschaft**) und der Flüchtlingsproblematik (→ **Sicherheit**) deutlich, dass unser Denken nach wie vor tief in Geschichte und Religion verwurzelt ist und unser Verständnis für anderer Kulturen in verschiedener Weise beeinflusst. Dies kann sowohl negative wie positive Auswirkungen haben. So kann etwa die christliche Nächstenliebe ein wirksamer Schutz vor Rassismus sein.

Auch wenn uns die übernommenen Vorstellungen der christlichen Kultur zweifelsfrei richtig erscheinen mögen, dürfen wir nicht vergessen, dass sie keine unumstößlichen Wahrheiten (→ **Information**) sind, sondern *Bewertungen* bleiben, die auf unseren erlernten Anschauungen und kulturellen Vorgaben beruhen. Um es an einem Beispiel zu verdeutlichen: »Ärmliche Verhältnisse« ist ein Ausdruck, der im Westen vor allem mit Mangel an Geld sowie Not und Elend verbunden wird. Manche Angehörige ostasiatischer Kulturen würden darauf jedoch mit Unverständnis reagieren, da Armut nach ihrer Weltanschauung eher für einen unreifen Geisteszustand steht und nichts mit materiellen Dingen zu tun hat.

Die Menschheit hat heute weltumspannende und existenzbedrohende Probleme, die wir nur gemeinsam lösen können; doch gleichsam hängen wir trotz moderner **Bildung** immer noch vorrangig an unseren eigenen Glaubenssätzen und Überzeugungen. Das ist zweifellos sehr menschlich, doch es verringert die Möglichkeit, sich in erster Linie als Teil der globalen **Gemeinschaft** zu sehen. Stattdessen beschäftigen sich viele Leute weiterhin misstrauisch oder ängstlich mit dem offensichtlichen »Anderssein« fremder Kulturen. Im Extrem reicht das bis zu religiösen Eiferern, die versuchen, Andersgläubige zu bekehren, obwohl sie für die Richtigkeit ihres Glaubens lediglich ihre eigene Überzeugung anführen können und niemals Beweise.

Sind nicht alle Religionen gleichermaßen unvollkommene Versuche, das Wunder des Daseins zu begreifen? Liegt nicht die Wahrheit gerade in der kulturellen und religiösen Vielfalt, statt in zementierten Glaubenssätzen?

Wenn wir nicht damit aufhören, die Unterschiede zwischen uns und Anderen zu bewerten, werden wir nicht erkennen, dass alle **Menschen** viel mehr Gemeinsamkeiten als Unterschiede haben. Gleichgültig, was wir persönlich anbeten, nur mit diesem Bewusstsein können wir wahre Weltbürger:innen werden.

Der erste Weg zu dieser Einsicht ist eine entsprechende Bildung gepaart mit der Fähigkeit, zuzuhören und Mitgefühl zu zeigen.

Lösungsansätze / *Einschätzung*

Theoretisch müssten alle Werte öffentlich diskutiert und den modernen Gegebenheiten angepasst werden (Stehen wir Menschen tatsächlich *über* allen anderen Lebewesen? Sind Herrschaftsstrukturen von oben nach unten überhaupt notwendig? Ist die Mühsal der Arbeit wirklich eine moralische Verpflichtung? usw.). Darüber hinaus müsste das Bildungssystem deutlich machen, welche Dinge christlich geprägt sind, welche anderen Auffassungen es dazu gibt und dass unsere eigene nicht unbedingt die beste für unsere Zukunft sein muss. Das würde voraussetzen, sich intensiv mit anderen Kulturen und Denkansätzen auseinanderzusetzen und somit festgefügte Vorstellungen zu lockern und grundlegende Werte neu zu überdenken.

Unter normalen Bedingungen ist es kaum vorstellbar, dass die Mitglieder einer in Jahrtausenden geprägten Gesellschaft ihre Werte freiwillig, mehrheitlich und einvernehmlich in Frage stellen: Das würde bedeuten, alle darauf aufbauenden Strukturen (rechtliche Grundlagen, staatliche Organe, Wirtschaftsweise, Finanzwesen, Mittelverteilung usw.) – sprich: die Gesellschaft als Ganzes – anzuzweifeln. Die kulturelle Prägung der Menschen (die durch die elterliche Erziehung, das Lebensumfeld, die Medien und die Schule vermittelt wird) ist gewissermaßen der Boden der Tatsachen, auf dem jedes persönliche Weltbild aufbaut. Diese Prägung zu bearbeiten, gleicht dem Versuch, das Fundament eines Hauses nachträglich von außen zu erneuern. Das kann nur jeder und jedem Einzelnen selbst gelingen. Menschen, die christlich geprägt sind, finden im Projekt Weltethos (→ Teil 2) eine Brücke zu den anderen Weltreligionen.

Um Menschen in Not zu helfen und ihnen mögliche Wege zur Selbsthilfe aufzuzeigen, existieren etliche Hilfswerke, deren stärkste Wurzel die christliche Nächstenliebe ist. Stellvertretend etwa Brot für die Welt und Misereor (→ **Teil 2**).

Es ist eine schlichte Tatsache, dass Menschen sich erst um weiter entfernte Probleme kümmern, wenn ihre eigene Lebensgrundlage gesichert ist.

DEMOKRATIE
Herrschaft der Unvollkommenen

Verwendete Literatur: [23], [42], [43], [61], [64], [98], [99]

Auf die Frage, welche Staatsform die beste sei, antworten die meisten Deutschen ohne Zögern: »Die Demokratie«. In der Tat lassen sich die Vorteile leicht belegen: In den Staaten, wo gewählte Volksvertreter:innen regieren, sind **Sicherheit**, freie Meinungsäußerung und **Religion**swahl, Recht und Ordnung sowie zumeist auch ein zufriedenstellender Wohlstand für den größten Teil der Bevölkerung (→ **Leben**) vorhanden. Dies ist jedoch keine Selbstverständlichkeit, denn die Demokratie ist kein Naturgesetz, das von allein entsteht!

Damit die Macht tatsächlich beim Volk liegt, ist es unerlässlich, dass sich die Mehrheit der Menschen ernsthaft für Politik interessiert; das heißt, immer wieder anhand geeigneter Quellen (→ **Information**) nachforscht, ob die Programme der Parteien und die Entscheidungen der Regierung gut und richtig sind und ob die Politiker:innen ihre Aufgabe nach bestem Wissen und Gewissen erfüllen.

Schlussendlich gilt als oberster Grundsatz die Bereitschaft, Übereinkünfte zu schließen, die allen Beteiligten entgegenkommen. In Bezug auf dringend notwendige **Entwicklungen** (etwa Maßnahmen gegen den **Klimawandel**) können demokratische Entscheidungen allerdings zu langwierig sein, insbesondere, wenn eigene Interessen über das Gemeinwohl gestellt werden. Demokratie ist nicht automatisch ein Garant für die Rechte von Minderheiten oder die Berücksichtigung der **Natur** als Lebensgrundlage!

Eine gut funktionierende Demokratie setzt also mündige Bürger:innen und unbestechliche Politiker:innen mit einer guten **Bildung** und **Verantwortung**sbewusstsein voraus, die das Wohl der **Gemeinschaft** als vorrangigen Wert betrachten. Im Idealfall **Menschen**, die bereit sind, sich für gerechtere Demokratieformen einzusetzen, bei denen die Bürger:innen nicht nur ein Kreuzchen machen, sondern aktiv die Politik bestimmen! Zum Beispiel mit offenen Briefen an die Politik, Diskussionen mit Abgeordneten, sowie mit Petitionen und Demonstrationen bis hin zu neuen Parteigründungen. Eine vorbildliches Projekt ist in diesem Zusammenhang GermanZero (→ **Teil 2**), deren Mitstreiter:innen an einem Klimagesetzt »von unten« arbeiten.

Heute können wir mit eigenen Augen sehen, was geschieht, wenn zu viele Bürger:innen falschen Versprechungen Glauben schenken und sich von Hass- und Hetzreden mitreißen lassen, statt in Ruhe zu überprüfen, wo die Wahrheit liegt. Auf diese Weise kann es skrupellosen und machtgierigen Staatsoberhäuptern – wie beispielsweise Trump, Erdogan und Bolsonaro oder auch einigen rechtspopulistischen Regierungschefs der EU – gelingen, Demokratien von innen *auszuhöhlen*. Selbst in der Schweiz, wo die Bevölkerung erheblichen Einfluss auf die politische Beschlussfassung nehmen kann, ist erkennbar, dass die Meinungsbildung nicht selten von solchen Interessengruppen beherrscht wird, die ihre Vorstellungen mit dem größten finanziellen Aufwand bewerben können.

Ein entscheidender Zusammenhang wird häufig nicht betrachtet oder ausgesprochen, da er das Herzstück unserer **Ordnung** in Frage stellt: *Demokratie und Kapitalismus*. Passen demokratische Werte zu einer Gesellschaft, in der Privateigentum, Gewinnstreben und die unbegrenzte Anhäufung von Besitz zu den höchsten Zielen gehören? In der Geld und Börsengeschäfte losgelöst von der materiellen Wertschöpfung als Selbstzweck betrachtet werden? Unter diesen Umständen werden Macht und Einfluss in vielfältiger Art und Weise käuflich. So beeinflussen etwa die finanzstärksten Unternehmen und Einzelpersonen die gewählten Volksvertreter:innen in vielfältiger Weise (Lobbyismus) und werden für Fehler nicht ausreichend zur Rechenschaft gezogen (Beispiel Dieselskandal).

Insbesondere für den Schutz der **Umwelt** und der Menschenrechte ist eine vom Kapitalismus unterwanderte »Ein-Kreuzchen-Demokratie« verhängnisvoll: Ihre Logik fördert soziale Ungerechtigkeit und Raubbau an der **Natur**, da Eigennutz bis hin zu Habgier und Machtstreben eher begünstigt werden als Redlichkeit und Gemeinwohl. Je reicher jemand ist, desto leichter wird er oder sie noch reicher – und damit auch mächtiger!

Überdies dürfen wir nicht vergessen, dass die Bewertung der Demokratie als beste Staatsform eine typisch westliche Auffassung ist, die noch lange nicht von allen Menschen geteilt wird. So können religiöse Glaubenssätze – wie im Islam und im Hinduismus der Fall – demokratischen Ideen im Weg stehen. Aber auch tief verwurzelte Vorstellungen von einer strengen Rangordnung im Staat, an dessen Spitze (angeblich) ehrenhafte und fähige Führungspersonen stehen, die alles für das Volk tun – wie es bei vielen Chinesen der Fall ist – entziehen der Demokratie die nötige Zustimmung.

Wir werden erfahren, was sich daraus entwickeln wird!

Lösungsansätze / *Einschätzung*

Politik (in demokratischen Staaten):
Lügen von Politiker:innen streng ahnden und mit Ausschluss bestrafen. Politiker:innen dürften keine Nebenverdienste haben und müssten ihre Finanzen offenlegen. Der Einfluss der Wirtschafts-Lobby sollte verboten werden.

Denkbar, sofern eine Demokratie sich zu einem neutralen Kontrollorgan bekennen würde. Gegen bestechliche und käufliche Politiker:innen kämpft vor allem die Organisation Transparency International (→ Teil 2).

Demokratischen Entscheidungen zum Gemeinwohl deutlich mehr Gewicht gegenüber (angeblichen) wirtschaftlichen Notwendigkeiten verleihen sowie ihre Weiterentwicklung auf der Grundlage eines neuen Verhältnisses zur Natur fördern.

Hängt davon ab, welche Parteien regieren und wie sehr sie sich von der Wirtschaft beeinflussen lassen.

Gesellschaft:
Verpflichtende und lebenslange politische Bildung für alle, um reife Wähler:innen und moralisch untadelige Volksvertreter:innen hervorzubringen.

Denkbar, sofern die Entscheider:innen bereit sind, sich nicht von den Interessen bestimmter Gruppen, sondern von anerkannten wissenschaftlichen Theorien (→ »X«) leiten zu lassen.

Bürger:innen:
Wir brauchen noch viel mehr Aktive bei politischen Prozessen »von unten«: Beispielsweise mit offenen Bürgerbriefen an Politiker:innen oder mit der Teilnahme an Petitionen und Bürgerbegehren wie sie etwa die Organisationen campact oder Mehr Demokratie e.V. anbieten (jeweils → **Teil 2**)

Zur Zeit scheint sich hier einiges zu regen, das Hoffnung macht.

ENTWICKLUNG

Wunderbar und doch fehlerhaft

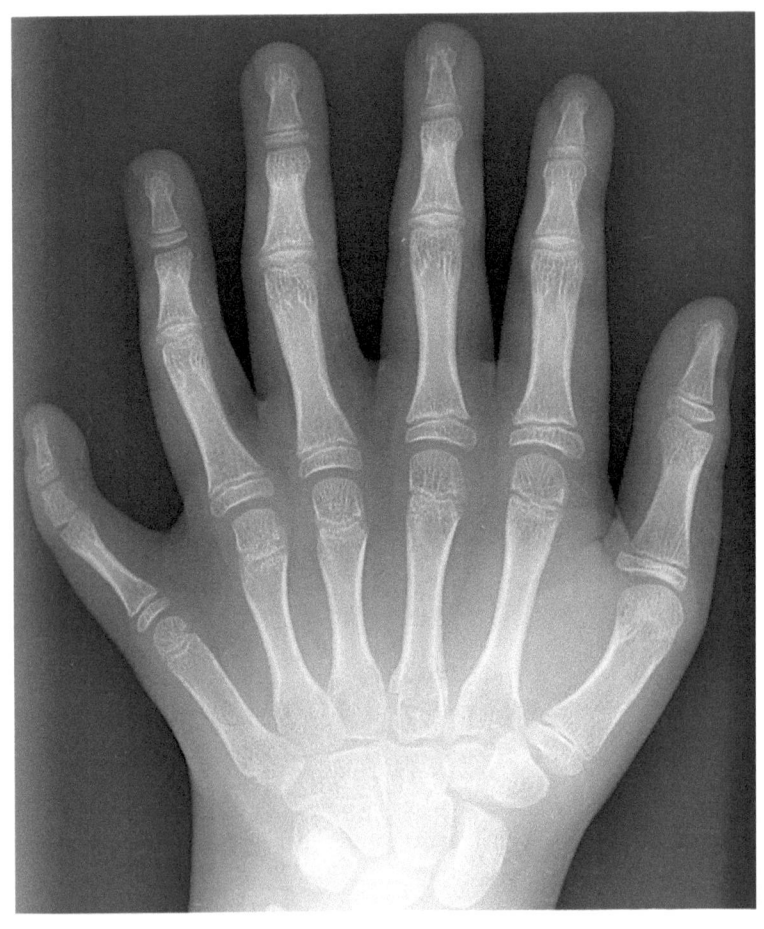

Verwendete Literatur: [10], [19], [31], [45], [50], [67], [94], [95]

Entwicklung klingt ein wenig nach etwas schon Vorhandenem, das man nur noch *auswickeln* muss. Die meisten Wissenschaftler:innen (→ »X«) halten es allerdings für sehr unwahrscheinlich (und sinnlos), dass alles im Universum nach einem festgelegten, schicksalhaften Plan vorgegeben wäre.

Tatsächlich ist die Entwicklung der Welt ein Vorgang, bei dem sich unerklärbare, plötzliche Wendungen immer wieder mit langen Zeiträumen der Vorhersehbarkeit abwechseln. Stoßen die Möglichkeiten jedoch an ihre natürlichen Grenzen, entsteht wieder ein spontanes »Wunder«, das vollkommen neue Entwicklungsmöglichkeiten begründet ... und so fort.

Es mag unwissenschaftlich klingen, hier von Wundern zu sprechen, doch wenn wir ehrlich sind, ist es genau das. Der Verlauf der Evolution lässt sich abgesehen von diesen Entwicklungssprüngen mittlerweile gut beschreiben, doch niemand kann erklären, *warum* es überhaupt etwas gibt, *warum* aus unbelebten Dingen mit einem Mal Leben entstand und *warum* ab einem gewissen Vernetzungsgrad von Nervenzellen unvermittelt Geist vorhanden war. Fragen nach dem Warum sind und bleiben vorrangig Glaubensfragen (→ **Religion**).

Derzeit überschreitet unser Einfluss auf die **Umwelt** bereits einige Belastungsgrenzen des Planeten, doch es wäre unklug, diesbezüglich auf das nächste Wunder oder ein »göttliches Eingreifen« zu hoffen. Man findet in der Evolutionsgeschichte genügend Beispiele für »Fehlentwicklungen«, die zu einem vorzeitigen Ende einer Entwicklungsrichtung geführt haben. Es gibt daher weder echte **Sicherheit** noch eine schicksalhafte Rettung für uns: Denkbar ist lediglich die Annahme, dass irgendeine andere Lebensform irgendwann wieder den Entwicklungsstand erreichen wird, den wir heute verkörpern. Schauen wir uns einmal an, wie es wahrscheinlich zur gegenwärtigen »Wachstumsgesellschaft« gekommen ist:

Ursprünglich hatte jegliches **Wirtschaften** ausschließlich das Ziel, die **Gemeinschaft** zu versorgen, das Überleben der **Menschen** zu sichern und ihre Bedürfnisse zu befriedigen. Dabei war der Grundsatz der freiwilligen Gegenseitigkeit und die **Verantwortung** für das Wohl der Gruppe die erste (ungeschriebene) Wirtschaftsordnung. Praktisch alle Menschen hatten Zugriff auf (fast) alle Dinge, die die **Natur** kostenlos bereitstellt und alle konnten sie verarbeiten. In dieser Welt gab es noch kein »Arm und Reich«. Zwei

Entwicklungen veränderten dies tiefgreifend: Je mehr technische Hilfsmittel (→ **Hochtechnologie**) erfunden wurden, desto häufiger benötigte man Rohstoffe, die es nicht überall gab, sowie spezielles Wissen. Wer solche Fundorte oder Verarbeitungsmethoden kannte, erlangte daher plötzlich einen *dauerhaften* Vorteil gegenüber den Mitmenschen. Auf diese Weise entstand erstmals Reichtum ... und damit sehr wahrscheinlich auch die Idee des Eigentums, um die Besitzanhäufung vor den »Hablosen« zu rechtfertigen. Manche Rohstoffe gab es nur in fernen Gegenden, sodass man auch auf fremde Gruppen angewiesen war. Dass dafür eine Gegenleistung erwartet wurde und nicht immer unvoreingenommenes Vertrauen herrschte, versteht sich von selbst. So entstand das Tauschgeschäft und später das Geld. Der Handel wurde erheblich einfacher, doch gleichsam entstanden ungeahnte Möglichkeiten, die Geschäftspartner:innen (denen man nicht verwandtschaftlich verpflichtet war) zu übervorteilen und Macht und Reichtum zu vermehren. Die Vorläufer von Kapitalismus und Marktwirtschaft waren geboren ... und die Wirtschaft bekam neben dem Versorgungsgedanken eine weitere Funktion: *Machterhalt* für all jene, die materielles Glück gehabt hatten oder die sich ohne Gewissensbisse über die Gegenseitigkeit hinwegsetzen konnten. Die Reichen und Mächtigen waren sehr daran interessiert, ihre Vorteile zu erhalten und auszubauen. Auf diese Weise wurden Eigennutz, Gewinnstreben und Wettbewerb im Lauf der Zeit zu den Haupt-Triebfedern der Wirtschaft und ersetzten mehr und mehr das Jahrtausende alte Prinzip des Gemeinwohls. Schon im Mittelalter zeigten sich in Europa ernste Folgen dieser Entwicklung: Die Wälder wurden weitestgehend abgeholzt, sodass die *einfachen* Menschen aufgrund des Mangels an Bau- und Brennholz sowie an vielen anderen Produkten der **Pflanzen und Tiere** des Waldes größte Not litten. Da dies auch negative Folgen für den Adel hatte, wurde verbindliche Regeln für das Wirtschaften festgelegt. Doch diese Regeln bewahrten natürlich weiterhin das Recht des Privateigentums – und alles, was den Besitzenden Vorteile verschaffte – bis ins heutige »Zeitalter des Wachstumszwangs«.

Wenn die weitere Entwicklung uns in eine lebenswerte **Zukunft** führen soll, müssen wir dringend die Fehler unseres Handelns erkennen und eine nachhaltige Entwicklungsrichtung einschlagen – so schnell wie möglich!

Lösungsansätze / *Einschätzung*

Politik:
Die **Bildung** muss die ganze Wahrheit sagen und darf nicht
mehr ein Weltbild vermitteln, dass die Entwicklung der Industrie-
gesellschaften wie ein unvermeidbares Schicksal oder als einzig
wahres Ziel erscheinen lässt. Die Menschen müssen erfahren,
dass es viele gerechtere, umweltschonendere und nachhaltigere
Entwicklungsrichtungen gab und gibt, deren Verwirklichung ausschließlich davon abhängt, dass wir uns als Weltgemeinschaft begreifen lernen und das Gemeinwohl zum obersten Ziel erklären.

*Solange die mächtigen Nutznießer des Kapitalismus weiterhin die Politik
beeinflussen und den Menschen mit ihren Werbebotschaften vorgaukeln, die
Welt sei ein großer, bunter Warenkorb; und dass es keine Alternative für
die freie Marktwirtschaft gäbe, ist solch eine Entwicklung nicht vorstellbar.
Leider ist es menschlich, dass der direkte Lustgewinn ein wesentlich stärke-
rer Antrieb ist als düstere Vorhersagen nüchterner Wissenschaftler:innen.*

Bürger:innen:
Wir müssen die Zeichen der Zeit erkennen, die zeigen, dass unsere Entwicklung in der bisherigen Weise an ihre Grenzen gesto-
ßen ist und der gesamten Menschheit Not und Elend, Armut,
Hunger, Ungleichheit, Kriege und Hoffnungslosigkeit bringen
kann. Noch ist es nicht zu spät, wenn möglichst viele von uns aktiv ihr Schicksal in die Hand nehmen und vollkommen neue Lebenswege einschlagen – auch wenn es zu Anfang schmerzhaft ist,
auf vieles Gewohnte verzichten zu müssen.

*Die große Verbundenheit von Millionen Menschen auf der ganzen Welt mit
der Fridays-For-Future-Bewegung (→ Teil 2) ist ein wahrer Lichtblick –
wenn sie weiter so wächst wie bisher und die Menschen mitreißt. Das gilt allerdings nur, wenn nicht bloß demonstriert, sondern entsprechend gelebt wird,
wenn die Verantwortung nicht allein auf Politik und Wirtschaft verlagert,
und nicht (nur) auf technische Lösungen zur Abschwächung des Klimawandels gesetzt wird. Die Probleme sind viel weitreichender und können nur
ganzheitlich gelöst werden (→ Ordnung)!*

FORTSCHRITT

Hoffnung oder Untergang?

Verwendete Literatur: [1], [18], [31], [32], [49], [95], [97]

Im Gegensatz zu allen anderen Lebewesen haben wir die Freiheit entwickelt, alles in Frage zu stellen und Dinge oder Abläufe nach unseren persönlichen Vorstellungen zu verändern. Da diese **Entwicklung** unweigerlich auch große Gefahren für jede Gesellschaft birgt, haben unsere Vorfahren vermutlich schon sehr früh weltliche und religiöse Regeln für den Umgang mit **Mensch** und **Umwelt** aufgestellt, um dieser großen **Verantwortung** gerecht zu werden.

An solchen Regelwerken lässt sich auch erkennen, ob dem menschlichen Denken und Handeln grundsätzlich genügend Vertrauen geschenkt wurde. Für viele von uns mag das ungewöhnlich klingen, ist doch Veränderung und Wandel geradezu das Fundament unserer Kultur. Das gilt jedoch nicht für alle Kulturen: So wissen wir von Gesellschaften, die direkt in und von der **Natur** leben, dass viele ein großes Misstrauen in die menschlichen Fähigkeiten haben: Jede Veränderung wird als Eingriff in die kosmischen Zusammenhänge (→ **Yin und Yang**) gewertet und somit als Risiko betrachtet. In ihren Augen gibt allein das Festhalten an der bewährten Lebensweise **Sicherheit**. Das Überleben dieser Menschen hängt direkt und hundertprozentig von einer unversehrten Umwelt ab. Während **Pflanzen und Tiere** ideal aneinander angepasst sind, verursachten menschliche Eingriffe immer schon Unordnung in der Natur (Überjagung, Einschleppung fremder Arten, Brände, Störungen des Wasserhaushaltes uvm.). Vor diesem Hintergrund wird diese fortschrittsfeindliche Haltung sicherlich verständlicher.

Für uns hingegen ist es selbstverständlich, dass wir aktiv und absichtlich unsere Umwelt verändern und darauf vertrauen, damit unser **Leben** zu verbessern und jedes auftretende Problem irgendwie lösen zu können. Fortschritt ist der entscheidende Antrieb für jeglichen Wandel unserer modernen **Ordnung**. In diesem Sinne versteckt sich hinter dem Begriff das hoffnungsvolle Streben nach einer Idealgesellschaft, die von den Sachzwängen der Natur möglichst unabhängig macht. Wenn Neuerungen von einem Großteil der Gesellschaft positiv bewertet werden, erfährt dieser Fortschritt breite Zustimmung und ermöglicht den nächsten Schritt.

Doch zurück zur Frage, ob man dem menschlichen Streben vertrauen kann. Es geht wohlgemerkt *nicht* darum, jeglichen Fortschritt zu verteufeln, mit dem wir die Welt gestalten. Es ist jedoch wichtig, immer zu berücksichtigen, dass seine Richtung und sein Tempo von fehlbaren menschlichen Entscheidungen und dem *Glauben an den Fortschritt* abhängen. Schauen wir uns einmal an, wie die Fortschrittsspirale entstand und wo wir heute stehen:

Unzweifelhaft wuchsen Freiheit und Fortschritt, weil sie uns immer wieder Vorteile verschafften. Als unsere Vorfahren ihr Schicksal selbst in die Hand nahmen, hatte das zunächst nur minimale Auswirkungen auf Umwelt und Mitmenschen; doch je größer die Erfolge wurden, desto größer wurden auch die Nebenwirkungen. Spätestens seit der Erfindung von Ackerbau und Viehzucht stellten sich die ersten negativen (oft viel später eintretenden) Folgen ein, die wir heute zu Genüge kennen: Überbevölkerung, Umweltzerstörung, Ernteausfälle, Hungersnöte, Seuchenverbreitung, **Terror und Kriege** mit immer schrecklicheren Waffen und so weiter. Dieses zunehmende »Aufschaukeln« von guten und schlechten Folgen des Fortschritts ist widersinnig und schwer fassbar. Man könnte fast sagen, dass Fortschritt *das notwendige Reagieren auf Probleme ist ... die der Fortschritt verursacht hat.*

Zweifellos wurde die Vorstellung, die Natur den menschlichen Bedürfnissen anzupassen, zunehmend verwirklicht. Der menschliche Erfindungsreichtum ermöglicht uns heute eine bequeme und selbstbestimmte Lebensweise, die es in dieser Form noch nie gegeben hat. So wird jeglicher Fortschritt heute mehr und mehr mit **Hochtechnologie** gleichgesetzt. Trotz ihrer offensichtlichen Gefahren schenken viele Menschen der Technik heute fast grenzenloses Vertrauen.

Diese Entwicklung hat uns der **Natur** jedoch immer mehr entfremdet und dazu geführt, dass unser Tun mittlerweile alle natürlichen Zustände und Abläufe des Planeten mehr oder weniger negativ beeinflusst: Wir drehen an Stellschrauben (etwa am **Klimawandel** oder diversen Stoff-und Energiekreisläufen), deren Auswirkungen immer riskanter und unkontrollierbarer werden.

Die Lage, in die uns der Fortschritt gebracht hat, ist trügerisch: Während wir in Wohlstand und Frieden unserem normalen Alltag nachgehen, weitgehend auf **Wirtschaft**, Wissenschaft (→ »X«) und Politik vertrauen und uns für technologische **Zukunft**svisionen begeistern, bringt uns genau diese Normalität immer mehr in Gefahr: Ihre weltweiten Auswirkungen drohen unser Lebensgrundlagen nachhaltig zu beschädigen!

Lösungsansätze *Einschätzung*

Politik:
Massiver Einsatz wissenschaftlicher Folgenabschätzung für alle gesellschaftlichen, wirtschaftlichen und technologischen Entwicklungen und Projekte; mit entsprechenden politischen Entscheidungen, die weitgehend an die Ergebnisse solcher Studien gebunden sind.

Das hieße allerdings zwangsläufig, dem Markt und den Verbraucher:innen einige Neuerungen vorzuenthalten. Es mutet jedoch utopisch an, dass Ideen, die einmal in der Welt sind, nicht umgesetzt werden.

Den Begriff Fortschritt auf **Qualität**, Menschlichkeit, Nachhaltigkeit usw. umdeuten. Das ausgiebige Philosophieren über gänzlich andere Lebenswege und Weltbilder sollte frühzeitig Teil der Bildung werden.

[Technische Geräte sprechen in vielfältiger Weise direkt unsere Gefühle und unseren Tatendrang an. Vor allem unsere Neugier und unser Spieltrieb werden davon geweckt. Es wird vermutlich schwer halten, Begeisterung für Dinge zu wecken, für die das nicht gilt.

Bürger:innen:
Es liegt an uns allen, wie wir Fortschritt auffassen. Wer den Glauben an den Menschen und einen menschenwürdigen Fortschritt stärken und sich dahingehend bilden möchte, wird dazu etwa bei den Freidenkern (→ **Teil 2**) viele Möglichkeiten finden.

Sicherlich ein sehr langwieriger Prozess – doch wir sind ja nicht die letzte Generation der Menschen.

GEMEINSCHAFT
Das Große Wir

Verwendete Literatur: [5], [67], [68], [94], [99]

Ausgehend von den Beobachtungen, die Völkerkundler seit rund 200 Jahren bei Stammesvölkern gemacht haben, ist anzunehmen, dass auch unsere frühesten Vorfahren Jahrhunderttausende lang ausschließlich in kleinen Gemeinschaften lebten, bei denen gegenseitige Hilfe, Verbundenheit und Gruppentreue im Vordergrund standen. Dafür waren sie bereit, eigene Bedürfnisse mehr oder weniger zurückzustellen (→ **Religion**). Es ist sehr wahrscheinlich, dass damals jeder **Mensch** (unabhängig von Alter oder Geschlecht) Zugriff auf alles gehabt hat, was zum Leben benötigt wurde: Jede:r konnte diese Dinge leicht selbst beschaffen und Ernte oder Beute wurden als Allgemeingut ohne direkte Gegenleistung auf alle Köpfe verteilt (→ **Wirtschaft**). Zudem wurden die persönlichen Begabungen der Gruppenmitglieder gewürdigt und genutzt, sodass sich jede:r optimal einbringen und verwirklichen konnte. Es herrschte gewissermaßen eine »familiäre **Demokratie**« ohne machtvolle Oberhäupter oder Ungleichheit unter den Gruppenmitgliedern. Machtstrukturen werden sich erst entwickelt haben, als sich Einzelne durch besondere Fähigkeiten hervortaten (etwa Heiler:innen oder technische Spezialist:innen) oder in den Besitz begehrter Rohstoffe gelangten: Seither wurde das Eigentum immer wichtiger und die Rangunterschiede immer größer.

Die Geschichte von Volksstämmen, Königreichen und modernen Staaten ist Teil unserer allgemeinen **Bildung**. Dabei liegt der Schwerpunkt auf der Abfolge von Krieg (→ **Terror und Krieg**) und Frieden sowie auf besonderen Ereignissen und Personen. Ebenso wichtig ist jedoch die Tatsache, dass im Laufe der Zeit aus kleinen Gemeinschaften immer größere Gesellschaften wurden:

Da sich deren Mitglieder nicht mehr persönlich kannten, fehlte das gegenseitige Vertrauen, sodass Hilfe ohne Gegenleistung gegenüber Fremden immer seltener wurde. Stattdessen wurden Regeln und Gesetze aufgestellt (→ **Ordnung**), Ersatzmittel für das Vertrauen (Geld und Verträge) sowie eine Verteilung von Macht und Zuständigkeiten vorgenommen. Der Weg von der Kleingruppe zum Staat war von da an vorgezeichnet.

Da sich unser Sozialverhalten jedoch seit damals kaum verändert hat, brauchen wir nach wie vor kleine Gemeinschaften, um uns wohl zu fühlen: Das kann die Familie oder der Freundeskreis sein – aber auch Vereine und Organisationen aller Art. Gefährlich wird dieser Wunsch, wenn die Ziele solcher Gruppierungen den Zielen der Gesellschaft widersprechen! Das gilt zum Beispiel für terroristische Vereinigungen oder für Parteien, die die Grundwerte eines Staates undemokratisch aushebeln möchten. Heute, im Zeitalter der **Information**, haben sie es leicht, Anhänger über die massenhafte Verbreitung von Lügen mit Hilfe der sozialen Medien zu gewinnen.

Unser erster Eindruck von Fremden ist maßgeblich davon abhängig, was wir in der Kindheit über den Umgang mit Menschen gelernt haben und wie bewusst wir uns dieser Prägung sind. Bei den Angehörigen kleiner Völker und sehr eng verbundener »Ideengemeinschaften« ist es weit verbreitet, andere geringer zu schätzen als die eigenen Leute. Aus solchen Vorurteilen können Fremdenfeindlichkeit und Rassismus entstehen – vor allem, wenn es den »Rädelsführer:innen« gelingt, ein Menschenbild aus Abgrenzung, Vorurteilen und Hass auf ganze Gruppen zu übertragen.

Ein weiteres typisch menschliches Grundbedürfnis, das heute häufig zu Problemen führt, ist unser Streben nach *Wirksamkeit*: Jeder Mensch möchte ab und zu erleben, dass sein Handeln irgendetwas verändert. Dieser Drang ist unterschiedlich stark ausgeprägt. In ursprünglichen Gemeinschaften dienten die »Furchtlosen« etwa als Krieger:innen dem Wohl der Gruppe. Heute hingegen kann eine solche Veranlagung zu unsozialen Verhaltensweisen, Gewalt und Zerstörung führen, wenn solche Menschen aufgrund ihrer sozialen Herkunft, geringer Bildung oder fehlender Mittel keine Möglichkeit finden, ihren Tatendrang *sinnvoll* auszuleben.

Schließlich ist zu beachten, dass die persönlichen Vorlieben der Menschen noch nie einen so großen Stellenwert hatten wie heute, während die Bindung an die Gesellschaft wohl noch nie so gering war. Wie alles im **Leben** hat auch dies Vor- und Nachteile:

Die Gewinner:innen können sich ihre Träume erfüllen und brauchen dabei nur wenig Rücksicht auf Andere nehmen, weil heute nahezu alles über den Preis geregelt wird. Wer genügend Geld hat, kann sich fast alles erlauben und empfindet dabei ein Gefühl von Unabhängigkeit und Freiheit.

Die Verlierer:innen hingegen können zwar von der Wohlfahrt überleben, doch die Geborgenheit und Fürsorge einer Gemeinschaft von mitfühlenden, sich gegenseitig helfenden Menschen, kann das sicher nicht ersetzen.

Lösungsansätze / *Einschätzung*

Wenn wir unser angeborenes Gemeinschaftsgefühl zugrunde legen, sollte eine Welt-Gemeinschaft aller Menschen – ohne Ansehen ihrer Herkunft oder ihrer Weltanschauung – wohl die beste Voraussetzung für eine nachhaltige **Zukunft** sein: Mit einem unerschütterlichen, großen *Wir-Gefühl*, durch das jede:r von uns sich in erster Linie als *Mitmensch* und *Mitwesen* fühlen würde und bei Anderen vor allem jene Eigenschaften sähe, die uns mit ihnen verbinden und nicht jene, die uns unterscheiden. Die Organisation Weltbürgerinnen und Weltbürger (→ **Teil 2**) geht diesen Weg.

Leider widerspricht diese Vorstellung der Tatsache, dass bestehende Gruppen jeglicher Art mehr oder weniger dazu neigen, sich von anderen Gruppen abzugrenzen. Gut zu erkennen ist das bei Vielvölkerstaaten, deren Versuche zur Bildung einheitlicher Nationen regelmäßig von einzelnen Bevölkerungsgruppen untergraben werden. Ein Beispiel ist der immer noch vorhandene Rassismus in den Vereinigten Staaten. Dennoch ist die Verbindung kleinerer Einheiten zu größeren Gebilden zweifellos das höchste Entwicklungsprinzip im Universum. So dürfen wir hoffen ... auch wenn es noch viele Generationen dauern wird.

Jede moderne Gesellschaft müsste sich grundlegend von der bestehenden materiellen Ausrichtung einer rein funktionalen »Versorgungsanstalt« zu einer wahren Wertegemeinschaft wandeln, bei der wir alle uns unserer weitreichenden **Verantwortung** für unser Tun und Lassen bewusst würden. Dazu ist vor allem eine Erziehung zu Mitgefühl und eine entsprechende Bildung erforderlich.

Wenn die globalen Probleme immer größer werden und die Umstände zwangsläufig einen Umbau der Gesellschaft erforderlich machen, ist das vorstellbar. Wertvolle Arbeit leistet hier bereits die mehrwert-Agentur, die ganz unterschiedliche Lebenswelten zusammenbringt und das Global Ecovillage Network fördert den Aufbau nachhaltiger Gemeinschaften in neu gegründeten Ökodörfern. (beides → Teil 2).

HOCHTECHNOLOGIE
Des Menschen Wille

Verwendete Literatur: [17], [36], [44], [52], [77], [96]

Ist es nicht unfassbar, welche technischen Möglichkeiten wir heute haben? Wir überwachen unsere Körperfunktionen beim Sport, wir steuern unsere Hausgeräte von unterwegs und wir skypen mit Menschen, die 10.000 km entfernt sind. Einigen Technikbegeisterten ist kein Aufwand zu groß, um auf jeden Fall unter den ersten Käufern der neuesten Smartphone-Generation zu sein. Auch wenn es bei manchen Ideen große Bedenken gibt – wie etwa dem autonomen Fahren, der Postzustellung mit Drohnen oder der Idee, mikroskopisch kleine Nanoroboter in die Blutbahn zu schicken –, hat die Vergangenheit doch immer wieder gezeigt, dass die Begeisterung für die Technik letzten Endes siegte.

Die Hochtechnologie – deren **Entwicklung** häufig automatisch mit dem **Fortschritt** schlechthin gleichgesetzt wird – hat jedoch noch weitere Eigenschaften, die man sich unbedingt bewusst machen sollte. Es ist wichtig zu erkennen, dass Technik nicht nur Nutzen, sondern auch Gefahren birgt!

In der heutigen Zeit ist es kaum vorstellbar, dass eine Idee, die einmal verwirklicht wurde und irgendeinen Nutzen hatte, jemals wieder verschwinden wird. Wenn man bedenkt, dass diese Annahme auch für die hochriskante Kernenergie, für Massenvernichtungswaffen und künstlich veränderte Gene gilt, sollte der bedingungslose Technikglaube (→ **Religion**) bereits Kratzer bekommen …

Manch eine:r wird jetzt sagen, dass die Menschheit ohne die technologische Hochleistungs-Landwirtschaft nicht satt würde (→ **Pflanzen und Tiere**) und dass man eben immer weiter forschen und entwickeln müsse, um die Probleme in den Griff zu bekommen. Es sieht in der Tat so aus, als ob wir keine andere Wahl hätten. Die Entwicklung der Technik ist mittlerweile wie ein mächtiger Fluss, den niemand aufhalten kann und der uns mitreißt, wenn wir nicht noch leistungsfähigere Boote bauen. Die Frage ist jedoch, ob dieser Fluss in immer wilderen Kaskaden auf einen Abgrund zu rauscht. Mit anderen Worten: Können wir den Wettlauf zwischen dem Nutzen technischer Lösungen und ihren stetig größer werdenden Nebenwirkungen für **Mensch** und **Umwelt** noch gewinnen?

In der Tat war eine Handy-App beim Kampf gegen das Corona-Virus hilfreich und auch die Entwicklung von Medikamenten und Impfstoffen ist dank moderner Technik viel erfolgreicher als früher. Doch können uns solche Hilfsmittel vor der nächsten Pandemie bewahren? Oder gibt es geeignete technische Maßnahmen, um den **Klimawandel** zu stoppen – der eine Nebenwirkung energieverbrauchender Technik ist?

Bei der Beurteilung technischer Lösungen dürfen wir nicht vergessen, dass das zugrundeliegende wissenschaftliche Weltbild (→ »X«) nur ein stark vereinfachtes *Modell* der Wirklichkeit ist.

Hinzu kommt eine weitere Tatsache, die die Technikbegeisterung noch heikler macht. Wie zahlreiche Studien belegen, hat sich das Verhalten des Menschen – bezogen auf spontane Einschätzungen, Triebe und Instinkte – seit der Steinzeit kaum verändert: Wir setzen uns im Restaurant zuerst mit dem Rücken zur Wand, um »Feinde« rechtzeitig zu sehen. Im Straßenverkehr übernimmt viel zu häufig »der Krieger in uns« das Lenkrad oder wir lassen uns von unwichtigen Sinneseindrücken ablenken und verlieren so die Kontrolle über das Fahrzeug. Es ist beängstigend, dass solche triebgesteuerten Verhaltensweisen selbst **Terror und Kriege** verursachen können ...

Die Vernunft hat zur Entwicklung der Technologien geführt. Doch es sind unsere ererbten Verhaltensweisen – Stimmungen und Gefühle –, die die *Anwendung* der modernen Technik bestimmen und die auch zu Fehleinschätzungen und immer wieder zu Katastrophen führen.

Schlussendlich unterliegt die Entwicklung der Technik nicht vorrangig dem Prinzip von Versuch und Irrtum sowie der notwendigen Anpassung ans *»Große Ganze«*, sondern es sind immer (fehlbare) menschliche Entscheidungen, die allzu oft in erster Linie den Gesetzen der **Wirtschaft** gehorchen: So können Wettbewerb und Wachstumszwang verhindern, dass Produkte reifen und sich in Bezug auf Nutzen und Risiken nachhaltig bewähren können.

Fassen wir zusammen: Wir haben die **Natur** hier und da überlistet, aber wir haben noch lange nicht gelernt, unsere eigenen Verhaltensweisen und Schwächen zu beherrschen. Es ist daher höchst gefährlich, technischen Ideen *(also unvollständigen Modellen fehlbarer Wissenschaftler:innen und Ingenieur:innen)*, ihrer Umsetzung *(die ganz andere Interessen verfolgen kann als Qualität, Nutzer- oder Umweltfreundlichkeit)* und ihrer Anwendung *(die jederzeit auch zu Missbrauch führen kann)* blind unsere **Zukunft** anzuvertrauen!

Lösungsansätze / *Einschätzung*

Staat (Sofortmaßnahmen):
Der durch die Hochtechnologie erzeugte **Klimawandel** muss kurzfristig auch mit technischen Mitteln bekämpft werden, um die Überschreitung der kritischen Temperatur-Grenzwerte zu verhindern: Das wäre vor allem der massive Ausbau erneuerbarer Energieformen und wirksame Energiespar-Technik; aber möglicherweise auch die CO_2-Abscheidung und -Speicherung.

Denkbar, wenn der politische Wille vorhanden ist.

Staat (langfristige Maßnahmen):
Technik dient vorrangig eigennützigen Interessen und auch Hochrisiko-Technik wird sehr wahrscheinlich niemals mehr aufgegeben werden. Unser langfristiges Ziel müsste daher die »Gesellschaft 3.0« sein, die auf Menschlichkeit und Gemeinwohl beruht und nur noch ungefährliche Technik zulässt. Ein erster Schritt wäre eine strenge Technikfolgenabschätzung.

Aufgrund der immer noch zunehmenden Bedeutung von Technik erscheint dies zwar dringend geboten, aber schwierig umsetzbar. Wertvolle Arbeit zur Technikfolgenabschätzung leistet das Öko-Institut (→ Teil 2).

Bürger:innen:
Es gibt sie noch, die Beschäftigungen ohne Hochtechnologie!: Wandern mit Karte und Kompass, Picnic im Grünen, etliche Sportarten, vorlesen, malen, basteln, Dinge sammeln uvm.

Obwohl gesunde Sinne auch ohne technische Hilfsmittel auskommen, um die Welt hautnah zu erleben, ist der Trend zu Navigationssystemen, Apps für jeden Zweck, Computerspielen und Hochtechnologie aller Art unaufhaltsam: Vermutlich ist es die Verbindung von Begeisterung und Bequemlichkeit. Wer sich gegen die Gefahren der Hochtechnologie wehren möchte, findet dazu etliche Projekte bei den Naturschutzorganisationen, insbesondere bei Greenpeace, BUND, Robin Wood und den Naturfreunden (jeweils → Teil 2).

INFORMATION

Die Logik der Lüge

Verwendete Literatur: [16], [21], [69], [86], [98]

Täglich benötigen wir Informationen: Der schnellste Weg dazu ist, auf das (ungeprüfte) Wissen Anderer zurückzugreifen: Über das Internet, über Bücher oder den persönlichen Austausch. Die *direkte* Auseinandersetzung mit der Wirklichkeit liegt allerdings zwangsläufig näher an der Wahrheit und bringt vielschichtigere Erkenntnisse als der Weg über fremdes Wissen. Doch in den meisten Fällen haben wir in der immer komplizierter werdenden Welt kaum eine andere Wahl, an die Informationen zu gelangen, die wir benötigen.

Die größte Gefahr dabei ist, dass wir nicht direkt erkennen können, ob es sich dabei um die Wahrheit handelt. So verfallen immer mehr Menschen abwegigen Verschwörungsideen, insbesondere, wenn sie von angeblichen Fachleuten verbreitet werden, die allein aufgrund ihres Titels oder ihrer Bekanntheit Vertrauen genießen. Leider gibt es auch schwarze Schafe unter Akademiker:innen!

Information ist ein noch unbearbeiteter Rohstoff, dem man nicht unbedingt ansieht, ob er die ganze oder nur einen Teil Wahrheit über etwas enthält oder ob es sich nur um eine frei erfundene Geschichte handelt. Es ist jedoch von ganz entscheidender Bedeutung für unsere **Bildung**, zutreffende Informationen zu erhalten. Sie sind die Voraussetzung, Dinge maßvoll zu bewerten und richtige Entscheidungen zu treffen – insbesondere, wenn dies globale Auswirkungen hat! Doch heute, im sogenannten *Informationszeitalter*, sieht man überall »die Lügen blühen«. Woran liegt das?

Nach unserer Veranlagung sind wir am empfänglichsten für »einfache Wahrheiten«, die leicht zu verstehen und einzuordnen sind. So haben Lügen bei vielen **Menschen** leichtes Spiel, weil sie zwei große »Vorteile« haben: Sie lassen sich beliebig zusammenreimen und können so ausgeschmückt werden, dass sie auch starke Gefühle wie Hass, Wut oder Angst auslösen können. Insbesondere durch die Massenwirkung der sozialen Medien fallen viele Menschen auf solche Fake-News herein. Besonders dann, wenn Gefahren vorgetäuscht werden, die unseren empfindsamen Sinn für **Sicherheit** wecken. So funktionieren die oben genannten Verschwörungsideen, die gezielt eingesetzt werden, um Menschen für radikale politische Ziele zu gewinnen, die allein den Urheber:innen nutzen. Bei der letzten US-Wahl haben wir gesehen, dass selbst völlig haltlose Behauptungen (»Es gab Wahlbetrug«) ihre Gläubigen finden, wenn sie nur oft genug wiederholt werden.

Hinzu kommt die große Beliebigkeit der Interessen unserer Zeit. Während das Denken und Handeln in der Frühzeit vor allem um die **Gemeinschaft**, die **Pflanzen und Tiere** und die direkte **Umwelt** kreiste, haben wir heute auch die Freiheit, einen Großteil unserer Freizeit der reinen Unterhaltung zu widmen und schwierige Themen schlichtweg auszublenden.

Doch auch jene, die in der Lage sind, Lügen und Hetzreden zu erkennen und die sich aktiv an der Gesellschaft beteiligen und mitreden möchten, stehen vor der schwierigen Aufgabe, aus der enorm großen Informationsflut das wirklich Wichtige herauszufiltern und Wahres von Falschem sauber zu trennen: Seit der Erfindung von facebook und twitter und der ständigen Gegenwart des Smartphones ist diese Flut zu einem wahren Wasserfall geworden, der uns oftmals mitreißt und Stunden später irgendwo an Land spült, wo wir gar nicht hin wollten. Dabei setzen sich leicht gefährliche Unwahrheiten in unserem Gedächtnis fest.

Hinzu kommt die Tatsache, dass unsere Konzentrationsfähigkeit begrenzt ist und die Vielzahl an Informationen die Bereitschaft verringert, uns mit einem Thema eine längere Zeit zu beschäftigen. Und die allgegenwärtigen Kurznachrichten führen dazu, dass viele Menschen nicht mehr in der Lage sind, längere Texte zu verstehen.

So wachsam und kritisch wir auch sind, ständig besteht die Gefahr, dass wir Falsches für richtig halten und wirklich Wichtiges (beispielsweise Informationen über den Zustand der Welt) in der Flut untergeht. Das, was in aller Munde ist, muss nicht wahr sein und Redakteur:innen haben zwangsläufig allein durch die Auswahl und Gewichtung der Nachrichten einen Einfluss auf die Meinungsbildung – auch wenn sie ehrenhaft sind und sich der Wahrheit verpflichtet fühlen. Angesichts der großen Bedeutung für unsere Zukunft wäre es wünschenswert, wenn über die aktuellen Entwicklungen beim **Klimawandel**, dem Artensterben und der weltweite Umweltzerstörung wesentlich häufiger berichtet würde.

Gleichwohl ist es auch eine Tatsache, dass die Pressefreiheit und die **Qualität** der Berichterstattung in den öffentlichen Medien am besten in **Demokratien** gewährleistet wird. Der Vorwurf »Lügenpresse« ist von daher ein irreführender Kampfbegriff, bei dem man immer die Frage stellen muss, woher denn diejenigen, die ihn benutzen, ihre Informationen bekommen.

Lösungsansätze / *Einschätzung*

Staat:
Der Umgang mit dem Internet und den sozialen Medien sowie die Entwicklung der Fähigkeit, wahre von falschen Nachrichten zu unterscheiden, gehören ins Zentrum der modernen Schulbildung. Zudem ist die Pressefreiheit ein sehr hohes Gut, das unbedingten Schutz erfordert.

Wenn die Entscheidungsträger:innen wollen, sollte dies machbar sein. Bezüglich der Pressefreiheit sollte man die Arbeit von Reporter ohne Grenzen unterstützen (→ Teil 2).

Bürger:innen:
Auch wenn es mühsam ist, es gibt nur einen Weg, der Wahrheit näher zu kommen: Er beginnt mit der entschlossenen Auswahl der wirklich wichtig erscheinenden Nachrichten, geht über die Auswahl geeigneter Nachrichtenquellen (öffentlich-rechtliches Fernsehen und Radio, unabhängige Zeitungen und Wikipedia-Artikel mit vielen unterschiedlichen Einzelnachweisen) und endet mit der Überprüfung des Wahrheitsgehaltes durch Vergleich verschiedener Quellen bis hin zur Hinzuziehung von wissenschaftlicher Literatur (→ »X«). Selbsternannte »Expert:innen« in Videokanälen im Internet, die angebliche Missstände aufdecken, aber keiner anerkannten Forschungseinrichtung angehören, sollte man tunlichst meiden! Allein ein Doktortitel ist kein Schutz vor böswilligen Absichten, wie etwa die Geschichte des Dritten Reiches beweist.

Das Internet eröffnet tausende Möglichkeiten, sich zu informieren – und hält ebensoviele Hindernisse bereit, die es erschweren, zuverlässige Informationen zu finden. In der Wikipedia (→ Teil 2) bemühen sich zwar eifrige Autor:innen, die Fakten möglichst neutral und umfassend wiederzugeben, doch oftmals gelingt es ihnen nicht, die zusammenfassende Einleitung der Artikel verständlich genug zu schreiben. Doch daran wird täglich gearbeitet! Aktiv mit der Wahrheitsfindung befassen sich Projekte wie Correctiv oder netzwerk recherche (beide → Teil 2). Es ist mühsam …

JUGEND

Beste Voraussetzungen

Verwendete Literatur: [35], [40], [41], [57], [99]

Der **Mensch** ist sicherlich vom Grundsatz her gut, denn in den ersten Lebensmonaten wird unser **Leben** (im Normalfall) von liebender Zuwendung geprägt, die wir ohne Gegenleistung erhalten. Liebe ist daher (nach den Grundbedürfnissen) ein starker Handlungsantrieb und nährt den Glauben an das Gute (→ **Religion**).

Wenn ein Kind heranwächst und anfängt, Zusammenhänge zu erkennen, übernimmt es (allein durch Beobachten und Nachahmen) zuerst die Wertvorstellungen der Eltern. Dabei entwickelt sich gleichzeitig das erste Verantwortungsgefühl – das heißt, es lernt, was die nahestehenden Menschen in seiner Umgebung für gut und wichtig oder für falsch und unwichtig halten und welches Verhalten anerkannt oder abgelehnt wird. Infolgedessen passt sich das Kind automatisch der geltende **Ordnung** der **Gemeinschaften** an, in denen es aufwächst (Familie, Gemeinde, Vereine, Kindergarten, Schule uvm.). Solch eine Ordnung sieht in Diktaturen oder Gottesstaaten natürlich ganz anders aus als in **Demokratien**; dennoch bestimmt sie hier wie dort die **Verantwortung**, die wir für normal halten und zu übernehmen bereit sind.

Dieser Punkt in der **Entwicklung** der Menschen ist ganz entscheidend für ihr späteres Weltbild: Wenn die Umwelt vor allem von gegenseitigem Vertrauen, Ehrlichkeit, Achtung, Hilfsbereitschaft und Miteinander geprägt ist – dann werden sich diese Werte auch fortpflanzen. Es ist jedoch ebenso möglich, dass die *natürliche Menschlichkeit* der ersten Lebensmonate durch ganz andere Werte komplett überprägt wird: So können etwa Kinder, die in kapitalistischen **Wirtschaften** aufwachsen, auch Misstrauen, Leistungsstreben, Habsucht und Eigennutz erlernen.

Wir alle sind mehr oder weniger Spielfiguren der Gesellschaft und lernen, weitgehend nach ihren Regeln zu tanzen; und je jünger wir sind, desto größer sind im Allgemeinen die Folgen einer Prägung für den Rest unseres Lebens.

Doch es sind nicht nur Verhaltensregeln, die uns prägen, sondern ebenso das **Leben** selbst, der Alltag, die Umwelt, das allgegenwärtige *Normale*. In Zeiten des **Klimawandels**, in denen sich hunderttausende Schüler:innen weltweit für eine gesunde **Umwelt** als Garant einer lebenswerten **Zukunft** einsetzen, könnte man annehmen, das wäre dieses *Normale* und insofern sei alles gut. Doch es ist eine Sache, für etwas auf die Straße zu gehen und Plakate hochzuhalten; aber eine ganz andere, die Botschaften dieser Plakate zur eigenen Lebenswirklichkeit werden zu lassen.

Für viele junge Leute ist es normal, einen Großteil ihrer Zeit in virtuellen Welten zu verbringen, die im Vergleich zur Wirklichkeit nur einen winzigen Bruchteil an Sinnesreizen bieten – so bunt und vielfältig die digitale Welt auch wirken mag. Die **Qualität** des **Lebens** entspringt jedoch in erster Linie der Wirklichkeit. Nur sie kann uns letzten Endes Sinn geben.

Wenn wir als Kinder nicht mehr lernen, wie es ist, im Moos unter freiem Himmel zu schlafen, im Schlamm zu wühlen, einen Käfer auf dem Arm zu spüren, eine Katze zu streicheln oder ein Baumhaus mit unseren Freund:innen zu bauen, verkümmern unsere Sinne für das Wahrhaftige. Dann erleben wir nur noch Ersatzbefriedigungen … die uns jedoch auf Dauer nicht *wirklich* glücklich machen können. Ganz davon abgesehen, dass virtuelle Beschäftigungen uns ebenso Zeit für anwendbares Alltagswissen und eine wirklichkeitsnahe **Bildung** rauben.

Allerdings darf man die Leidenschaft junger Menschen auch nicht unterschätzen! Wenn sie ein Thema für sich entdeckt haben, sind viele von Ihnen in der Lage, erlernte Denk- und Handlungsmuster aus eigenem Antrieb zu verändern. So kann sich ein »Digital-Junkie« in kurzer Zeit ins Gegenteil verwandeln.

Obwohl jedes Kind wie ein Überraschungsei ist, dessen Entwicklung nur zu einem kleinen Teil vorhersehbar ist, sollten alle Eltern wissen, welches der stärkste und glückbringendste Handlungsantrieb für alle Menschen ist:

Es sind die Ideen und Antriebe, die aus uns selbst entspringen und nicht jene, die andere Menschen für richtig halten (und sei es noch so gut gemeint). So bewirkt es oftmals eher das Gegenteil, wenn Eltern ein Interesse ihres Kindes durch zu viel Förderung zu einer Pflicht machen. Dieser Zusammenhang kann bereits durch das in unserer Gesellschaft so beliebte »Loben« entstehen: Wer ein Kind lobt, erzeugt in ihm nicht nur Stolz und Freude darüber, sondern setzt es ebenso unter Erfolgsdruck. Lob macht abhängig von der Meinung anderer und kann so das Selbstvertrauen beschädigen.

Der Selbstantrieb und die eigenen Erfahrungen (→ **Information**) werden schlussendlich die wahren verantwortungsvollen Weltverbesser:innen der Zukunft hervorbringen.

Lösungsansätze / *Einschätzung*

Staat:

Die Jugend muss eindeutig ernster genommen werden! Schüler:innen – sofern sie ein Interesse daran entwickeln, die Welt verstehen zu wollen – beschäftigen sich häufig viel aufmerksamer mit **Umwelt**, **Fortschritt**, Wirtschaft und ihren Zusammenhängen als die in die Gesellschaft bereits voll eingebundene Elterngeneration. In diesem Sinne sollten sie auch stärker in die **Demokratie** eingebunden werden und bereits mit 16 wählen oder mitbestimmen dürfen.

Ansätze sind in der Politik vorhanden und Fridays-For-Future (→ Teil 2) könnte solch eine Entwicklung fördern.

Eltern:

Es ist enorm wichtig, den Kindern heute immer wieder Gelegenheit zu geben, ihre Umwelt in vielfältiger Art und Weise zu spüren, sie kennen- und lieben zu lernen! Kein noch so didaktisch wertvolles Game und kein Film oder ähnliches – und auch keine Demo für den Klimaschutz – kann diese Erfahrungen auch nur ansatzweise ersetzen. Disney´s Bambi ist nur ein künstliches Trugbild, das die wirklichen Zusammenhänge in der Natur stark verzerrt. Lasst eure Kinder die Gemeinschaft in einer Gruppe ausprobieren, die echte Naturerfahrungen bietet! Solche Gruppen gibt es im ganzen Land.

25 Jahre eigene Erfahrungen mit über 100 Sielmanns Natur-Rangern (→ Teil 2) haben gezeigt, dass viele der Kinder nachhaltig auf einen sorgsamen Umgang mit der Natur geprägt wurden. Leider trauen sich noch zu wenige Erwachsene zu, solche Kindergruppen aufzubauen und zu betreuen. Der größte Jugendumweltverband ist die Naturschutzjugend (→ Teil 2). Wer das Wohl und die Rechte der Kinder weltweit unterstützen möchte, sollte sich die Projekte von Terre des hommes ansehen (→ Teil 2).

Und schließlich: Nicht loben und bewerten, sondern lieber anlächeln und nach den Absichten und Hintergründen fragen!

KLIMAWANDEL

Eins, zwei, drei … zu spät

Verwendete Literatur: [25], [40], [50], [62], [72]

Beim Thema Klimawandel gibt es zwei Dinge, die schlichtweg unbegreiflich – und gefährlich – sind: Zum einen die Dummheit und Unbelehrbarkeit der Klimaleugner:innen und zum anderen die »Trägheit der Masse«. Gehen wir dem Problem an sich und dem Drumherum einmal auf den Grund.

Natürlich ist die Sonne die mit Abstand größte Wärmequelle für den Planeten. Doch ohne Wasserdampf, Kohlendioxid und einige andere Spurengase, wäre es dennoch eiskalt auf der Erde. Erst die Wolkendecke und die genannten Klimagase verringern die Wärmerückstrahlung in den Weltraum erheblich. Diese Fähigkeit wird Treibhauseffekt genannt. Wie bei hochgiftigen Stoffen gilt hierbei das Prinzip »kleine Ursache mit großer Wirkung«. Wenn man den Verlauf der Weltmitteltemperaturen und des Kohlendioxidanteils der letzten Jahrtausende vergleicht (beides kann die Wissenschaft (→ »X«) sicher ermitteln), erkennt auch der Laie, dass ein direkter Zusammenhang zwischen den beiden Kurven bestehen könnte. Auffallend ist vor allem ein deutlicher Anstieg seit etwa 1900.

Kohlendioxid entsteht bei allen Verbrennungsprozessen und das noch viel klimawirksamere Methan stammt vor allem aus Rindermägen und neuerdings auch aus auftauenden Dauerfrostböden (in den Klimamodellen noch eine große Unbekannte, die Ungutes ahnen lässt). Der zunehmende Anteil von Treibhausgasen in der Atmosphäre ist zweifellos eine direkte Folge des menschlichen **Fortschritts**; der scheinbaren Normalität des modernen **Lebens**. Insofern sind die Ursachen eindeutig und seit vielen Jahrzehnten gibt es darauf aufbauende Berechnungen, deren Vorhersagen bislang weitestgehend eingetroffen sind. Demnach ist es schwer vorstellbar, dass die letzten (gebildeten) Klimaleugner:innen *tatsächlich* glauben, was sie verbreiten. Vielmehr ist anzunehmen, dass die meisten von ihnen diese Zweifel streuen, um bestehende Zustände in Staat oder Wirtschaft zu bewahren oder um Machtpositionen zu erhalten.

Doch nicht die Leugner:innen sind das größte Problem des Klimaschutzes. Es ist die in den letzten Jahrhunderten entstandene **Ordnung** der Industriestaaten, die den Wachstums- und Verbrauchswahnsinn der Wirtschaft zu einer Art **Religion** gemacht hat, der kaum jemand widerspricht. Sie führt zu einem unstillbaren Hunger nach Energie – ohne Rücksicht auf Verluste. Die weitreichende Macht der **Wirtschaft** fällt besonders auf, wenn man sich die kaum wirksamen Gegenmaßnahmen anschaut, die Politiker:innen bislang getroffen haben. Alle Jahre wieder wird festgestellt, dass nur ein sehr kleiner Teil der Länder, die das Pariser Klimaabkommen unterschrieben haben, die Ziele auch tatsächlich einhalten.

Allerdings wäre es voreilig, die Verursacher allein in Wirtschaft und Politik zu sehen. Wir alle sind in diese Ordnung hineingeboren und halten sie gemeinsam aufrecht. Doch für Erkenntnisse und persönliche Veränderungen ist es nie zu spät, auch wenn die Aufgabe von Gewohnheiten schwierig ist und es neben fehlenden Mitteln viele nachvollziehbare Hinderungsgründe gibt. Entscheidend ist das Wissen und das »Weltgespür« (→ **Yin und Yang**) über das Ausmaß der Bedrohung für **Umwelt**, **Natur** und schlussendlich für uns **Menschen** selbst, sowie die Einsicht unserer persönlichen **Verantwortung**. Die wichtigste Voraussetzung dazu ist wiederum der Wille, sich mit den vielfältigen Ursachen des Klimawandels und den eigenen Möglichkeiten immer wieder aktiv zu befassen.

Ein gefährlicher Irrglaube ist die Vorstellung, der Klimawandel ließe sich allein durch **Hochtechnologie** stoppen: Auch wenn Abertausende von Elektroautos auf den Straßen fahren und Verbrennungsmotoren nur noch halb soviel Sprit brauchen würden, werden einige Unternehmen aufgrund des Wachstumszwangs weiterhin alles tun, um ihren Kund:innen einen Zweitwagen, ein Häuschen im Grünen und eine Luxus-Kreuzfahrt zu verkaufen; sowie noch billigeres Fleisch und minderwertige Massenware auf den Markt bringen. So wird der Ausstoß der Klimagase kaum verringert. Selbst, wenn die technischen Lösungen bei uns Erfolg bringen würden … was machen Chinesen und Inder und der Rest der Welt? Sie möchten den gleichen Wohlstand wie wir!

Wir sollten anerkennen, dass wir vor allem unsere nimmersatten Bedürfnisse verringern müssen, um nachhaltig in eine klimasichere **Zukunft** gehen zu können! Andernfalls drohen uns Unwetterereignisse nie gekannten Ausmaßes, Ernteausfälle, Brände, Seuchen, weitere Flüchtlingsströme, **Terror und Krieg** um Lebensraum und Wasser und vieles mehr … (siehe Wikipedia-Artikel: »Folgen der globalen Erwärmung«).

Bleibt zu hoffen, dass die Schüler:innen von Fridays-For-Future (→ **Jugend, Teil 2**) das alles auch wissen und nicht dem technischen Machbarkeitswahn verfallen sind.

Lösungsansätze *Einschätzung*

Staat:
Neben all den notwendigen technologischen Lösungen müsste auf der Ebene der Vereinten Nationen eine neue, internationale Weltordnung erarbeitet werden, wie unter → **Wirtschaft** beschrieben.

Technologische Lösungen gibt es viele (Energie aus Wind, Wasser und Sonne, besonders sparsame Motoren und Geräte, Wärmedämmung uvm.) – allein die zielstrebige Umsetzung lässt immer dann auf sich warten, wenn damit nicht viel verdient werden kann.

Bürger:innen:
Klimabewusstsein entwickeln, Verzicht auf Flugreisen, mehr Fahrrad, Bus und Bahn statt Auto fahren, möglichst wenig Fleisch und Milchprodukte essen, Heizung optimieren, sparsame Geräte und möglichst lange Nutzung (das gilt auch für elektronische Geräte wie etwa Smartphones!) ... sowie für die **Zukunft** demonstrieren und die klimafreundlichste Partei wählen.

Es ist erfreulich, dass sich immer mehr Menschen zu einem nachhaltigen Lebensstil bekennen – doch ohne Taten sind solche Bekenntnisse nicht mehr wert als politische Absichtserklärungen.

Ein klares Bekenntnis und zudem eine aktive Hilfe für die Klimaschutzbewegung wäre die Teilnahme an der Bürgerinitiative für ein Klimagesetz »von unten«, dass die Klimaneutralität Deutschlands bis 2035 und das 1,5°-Ziel festschreiben soll – GermanZero (→ **Teil 2**).

Neben der Klimarettung stärken solche Initiativen die direkte Demokratie und somit wahrscheinlich auch das Interesse der Bürger:innen für Politik.

LEBEN
Anspruch und Wirklichkeit

Verwendete Literatur: [1], [7], [9], [14], [28], [70], [75], [97]

Damit alle Menschen ein selbstbestimmtes Leben führen können, wurden die internationalen Menschenrechte geschaffen. Sie sind Teil der Verfassung vieler Staaten und gelten heute in den Industrieländern als Selbstverständlichkeit.

Darüber hinaus gibt es so etwas wie ein Gewohnheitsrecht, das die meisten Menschen sicherlich für ebenso normal halten. Ganz oben steht dabei das gefühlte Recht auf Eigentum und Freiheit (→ **Demokratie**), welches zum Teil höher geschätzt wird als der Wert der Gesundheit oder der Kampf gegen den **Klimawandel**: So käme es sicherlich zu Protesten, würde der Verkauf von Zigaretten verboten oder wäre nur noch eine Flugreise in zehn Jahren zulässig.

Ein weiteres Kennzeichen des menschlichen Lebens sind Trägheit und Bequemlichkeit: Während der Ölkrise in den 1970er Jahren entstand der Sinnspruch: *»Alle wollen zurück zur Natur … aber keiner zu Fuß«*. Wir tun uns im Allgemeinen schwer, trotz steigenden Bewusstseins für den Schutz der **Umwelt**, auf gewohnte Dinge zu verzichten oder die Umweltfolgekosten der Produkte über entsprechende Preiserhöhungen mitzutragen.

Das moderne Leben wird als so *normal* empfunden, dass sich viele Menschen nicht vorstellen können, dass die Welt auch ganz anders in der gleichen (beziehungsweise einer nachhaltigeren) **Qualität** funktionieren könnte – und so wird die geltende **Ordnung** und **Entwicklung** trotz ihrer Fehler und Gefahren nicht wirklich in Frage gestellt. Was genau ist damit gemeint?

Mit unserem alltäglichen Tun beeinflussen wir die Erde als Ganzes! Wir kaufen Unterhaltungselektronik aus Fernost und Kaffee aus Südamerika. Durch unser alltägliches Verhalten fördern wir auch die unwiederbringliche Ausbeutung und Vernichtung riesiger Naturräume in fernen Ländern. Fast wie in einer **Religion** hat die Wirtschaft ein zentrales Mantra, das ständig wiederholt wird, um dies alles zu rechtfertigen: *»Wir brauchen mehr Wachstum. Wachstum schafft Arbeit, Arbeit bringt Wohlstand und Wohlstand führt zu Glück«*.

Vordergründig betrachtet mag diese Wirkungskette stimmen. Doch im Grunde ist es eine sehr einfache Wahrheit, dass auf einem *begrenzten* Planeten kein *unbegrenztes* Wachstum möglich ist! Würden alle Menschen der Erde den westlichen Lebensstandard haben – viel Wohnraum, große Vielfalt an Gütern, **Arbeit**, genügend Geld und Freizeit, eine gute Gesundheitsvorsorge, Sauberkeit und eine längere Lebenserwartung –, könnte sich die Erde schon heute nicht mehr von den Folgen des gigantischen Rohstoff- und Energieverbrauchs erholen, der dann notwendig wäre. Dennoch eifern nahezu alle Staaten der Welt dem Vorbild des Westens nach.

Die menschengemachte Ordnung schwankt: Zum einen hinsichtlich des schwindelerregenden Verbrauches und zum anderen wegen der Entfremdung der **Menschen** von ihren wahren Wünschen und Werten: Das »*Haben*« steht bei vielen über dem »*Sein*«, denn Geld verdienen und ausgeben wird immer mehr zum Lebenssinn. Doch viele Dinge, die unser Leben erst lebenswert machen, kann man mit Geld nicht kaufen: Etwa Vertrauen, Freundschaft, Liebe, Hilfsbereitschaft, **Bildung** und wahren Lebenssinn.

Nochmals zusammengefasst: Der maßlos verschwenderische Lebensstil der westlichen Welt ist – angesichts von fast 8 Milliarden Menschen – nicht zukunftsfähig, weil er die geltende Ordnung der **Natur** missachtet … und überdies, weil er zu immer mehr Ungleichheit führt. Es gibt kein Recht auf ein Auto oder auf Urlaub: Sehr viele Dinge unserer »Normalität« sind tatsächlich nur Ansprüche, über deren Angemessenheit man trefflich streiten könnte.

Obwohl wir alle wissen sollten, dass Wachstum und Gewinnstreben in Verbindung mit **Hochtechnologie** für alle bestehenden Bedrohungen unserer **Zukunft** die wesentlichen Ursachen sind – oder zumindest sehr eng damit zusammenhängen – vertrauen die meisten Menschen weiterhin auf den *technischen* **Fortschritt** zur Lösung dieser Probleme. Damit verlagern sie ihre eigene **Verantwortung** auf Politik, **Wirtschaft** und Wissenschaft (→ »**X**«). Demgegenüber steht allerdings eine zunehmende größer werdende Gruppe von Menschen, die ihre Einflussmöglichkeiten erkannt haben und neue, genügsamere Lebensstile ausprobieren. Allein der Umstieg auf mehr Bioprodukte, Solarstrom und Elektroautos wird unsere Probleme jedoch nicht lösen, sondern allenfalls etwas aufschieben.

Erdverbundene Kulturen zeigen uns, dass es neben unserer verschwenderischen Lebensweise noch weitere Wege zum Glück gibt, die mehr auf menschlichen Qualitäten beruhen statt auf Eigentum. Wie die Kulturgeschichte beweist, sind Lebensweisen keine Einbahnstraßen, sondern wandelbar: Wir entscheiden mit unserem täglichen Handeln, was uns wichtig ist und welche Ordnung sich zukünftig durchsetzen wird!

Lösungsansätze / *Einschätzung*

Staat:
Aktive Förderung von verbrauchsarmen, alternativen Lebensentwürfen. Öffentlicher Verkehr, Bildung, Sport, die grundlegende Versorgung mit Gesundheitsdienstleistungen und Lebensmitteln und vieles mehr müssten kostenlos allen Menschen zugänglich sein, um die Ungleichheit zu verringern und alle Bürger:innen unabhängig von ihren persönlichen Fähigkeiten und Möglichkeiten gleichsam wertzuschätzen.

Diese Ansätze beruhen auf dem genauen Gegenteil der geltenden Ordnung (Gewinnstreben, Wettbewerb, Wachstum), sodass eine Verwirklichung derzeit utopisch ist.

Bürger:innen:
Erster Schritt: Einfach öfter mal »Brauche ich nicht!« sagen.

Zweiter Schritt: Unser Leben in möglichst vielen Bereichen in den Dienst der »Weltverbesserung« stellen und zu einem Vorbild werden, weil wir selbst Teil des Problems – aber auch der Lösung – sind.

Dritter Schritt: Selbst erkennen und erleben, dass man auch ohne »Konsumterror« ein erfülltes und glückliches Leben führen kann.

Wenn nur die Normalität und der »innere Schweinehund« nicht wären! Doch besser wenig tun, als gar nichts! … Im Grunde sind alle in Teil 2 genannten Hoffnungsträger:innen geeignet, um das Leben in neue Richtungen zu lenken. Im Rahmen dieses Kapitels hervorheben möchte ich Germanwatch – eine Organisation für globale Gerechtigkeit und den Erhalt der Lebensgrundlagen; betterplace.org – eine Internet-Plattform für zeitlich begrenzte Hilfs- und Spenden-Initiativen, die keine große Organisation im Rücken haben; foodsharing.de – sorgt dafür, dass überschüssige Lebensmittel nicht entsorgt werden; und das Zentrum für politische Schönheit – eine Gruppe von Aktionskünstlern, die sich auf ungewöhnliche Weise für die Menschenrechte einsetzen (jeweils → Teil 2).

Mensch

Das unbekannte Wesen

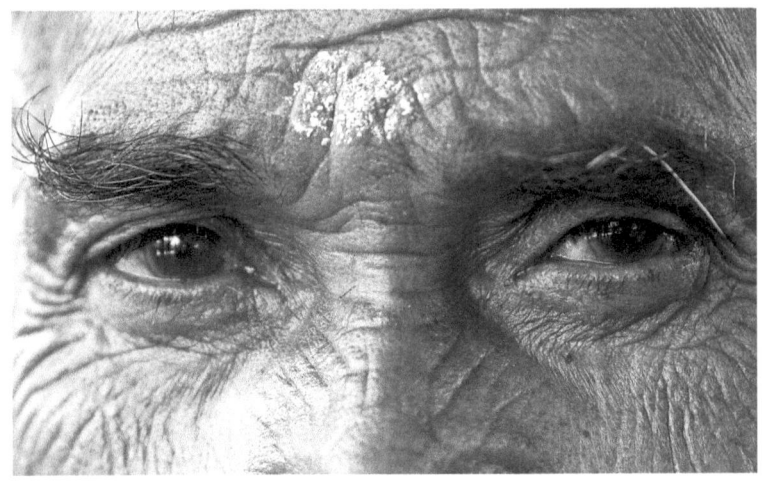

Verwendete Literatur: [26], [29], [31], [39], [57], [75], [100]

Es sind nicht die äußerlichen Merkmale, die uns von den anderen Säugetieren grundlegend trennen. Die entscheidenden Unterschiede liegen im Kopf: Es ist vor allem unser Bewusstsein, das Raum und Zeit, Ursache und Wirkung, Ding oder Vorgang für unseren Verstand aufbereitet und uns auf diese Art und Weise die Welt (beziehungsweise ein stark vereinfachtes Abbild davon) erleben lässt. Diese geistigen Fähigkeiten führten im Laufe weniger Jahrtausende zu einer großen Anzahl von Lebenswegen, die sich äußerlich deutlich unterscheiden – deren Grundlage aber wiederum im (kulturellen) Bewusstsein ihrer Angehörigen zu finden ist.

Unsere ältesten Vorfahren lebten in engstem Kontakt mit der natürlichen **Umwelt**. Ihre **Bildung** beruhte weitgehend auf Erfahrungswissen sowie auf einem enorm feinsinnigen Gespür für die Wirklichkeit. Wie unsere tierischen Verwandten wussten sie, was essbar oder giftig ist, welche Pflanzen Heilkräfte haben und wo Gefahren drohten. Sie schöpften vor allem aus dem Unterbewusstsein, das pro Sekunde über elf Millionen Informationseinheiten verarbeiten kann (→ **Yin und Yang**) … Wir kennen das etwa vom Werfen eines Balles: Obwohl wir nicht über das Verhältnis von Gewicht, Schwerkraft, Luftwiderstand und Kraft nachdenken und keine Bahnberechnung durchführen, lernen wir, ihn zielgenau zu werfen.

Um das Verhalten des Industriemenschen besser zu verstehen, spielt die Entfremdung von der **Natur** und ihrer **Ordnung** eine entscheidende Rolle:

Zuerst einmal ist es eine Entfremdung von unseren natürlichen Fähigkeiten: Je mehr wir über etwas nachdenken, es messen und berechnen, desto mehr erfahren wir (theoretisch) über bestimmte Zusammenhänge – aber desto eher vernachlässigen wir die Bereiche unseres Gehirns, die es uns ermöglichen, Dinge unbewusst und trotzdem zielsicher zu erledigen. Werden Organe oder Funktionen nicht mehr verwendet, verkümmern sie mit der Zeit. Genau das geschieht auch bei der Entfremdung, wie einige Beispiele aus unserer **Entwicklung** beweisen: Die Nutzung von Feuer und Kleidung ermöglichte das Überleben in kalten Regionen – aber gleichzeitig verringerte es sowohl die Abhärtung gegen Kälte als auch das Gespür für die natürliche Wärmeregulierung des Körpers. Die Erfindung von Fernwaffen machte es zwar viel einfacher, scheue Tiere zu erlegen – doch sie ging zu Lasten der Fähigkeit, sich unbemerkt anzupirschen. Mit Hilfe von Karte und Kompass kann man eine Streckenführung nachvollziehen und dies anderen mitteilen – aber der natürliche Orientierungssinn wird dabei nicht mehr trainiert. Wenn wir uns nur noch über Twitter austauschen würden, gehen alle »Informationen zwischen den Zeilen« – Gestik und Mimik sowie die Magie des gesprochenen Wortes – verloren und im schlimmsten Fall verlernen wir, miteinander zu reden und zuzuhören.

Im Lauf der Zeit erfanden unsere Vorfahren immer neue Hilfsmittel, die die Abkehr von der Natur weiter vergrößerten. Außerdem wurde das Bewusstsein verstärkt genutzt, das im Gegensatz zu den vielen Millionen Bits des Unbewussten nur höchstens 50 unterschiedliche Informationseinheiten pro Sekunde verarbeiten kann. Diese Entwicklung lässt sich etwa mit einem digitalen Bild vergleichen: Während unsere Altvorderen einen sehr kleinen Ausschnitt der Welt in hoher Auflösung wahrnahmen, sehen wir heute einen weitaus größeren Ausschnitt, der allerdings stark verpixelt ist.

So ist es kaum verwunderlich, dass die Fähigkeit des unmittelbaren Einfühlungsvermögens für den Zustand unserer Mitmenschen und anderer Lebewesen (→ **Pflanzen und Tiere**) – mit »Herz und Bauch« – heute oftmals nur noch schwach entwickelt ist. Stattdessen verlassen wir uns meistens auf »den Kopf« und nutzen dazu vorrangig fremde **Informationen** (aus oftmals unsicheren Quellen), denen wir – wenn wir ehrlich sind – höchstens »glauben« können. Dies alles kann dazu führen, dass wir uns nicht einmal mehr besonders für das **Leben** um unser herum interessieren, weil wir mit anderen Dingen beschäftigt sind. Auch das ist typisch menschlich. Für unsere **Zukunft** gibt es jedoch kaum etwas Schlimmeres als Gleichgültigkeit (→ **Religion**)!

Und die Entfremdung schreitet fort: Immer mehr Menschen werden zwischen totem Stahl und Beton groß. Immer mehr Menschen kaufen Fertigprodukte für ihre Ernährung, die kaum noch einen Bezug zu den Lebewesen zulassen, aus denen sie hergestellt wurden. Vor allem die **Jugend** verbringt immer mehr Zeit im Internet und in virtuellen Welten, die noch weitaus weniger Sinnesreize bieten als die Wirklichkeit ... Was nicht genutzt wird, verkümmert!

Der Weg zu Freiheit und **Fortschritt** hat seinen Preis ... doch wir wären keine Menschen, wenn wir daran nicht doch noch etwas ändern könnten!

Lösungsansätze / *Einschätzung*

Staat:
In Bildungswesen, Stadtplanung, Verkehr, Sozialwesen u.a. Bereichen müssten alle nur denkbaren Maßnahmen ergriffen werden, um der weiteren Entfremdung von der Natur entgegenzuwirken. Wer ein Gespür für die Welt entwickelt, wird viel eher bereit sein, sich für das Wohl der Welt freiwillig und aktiv einzusetzen. Mögliche Maßnahmen: Förderung der Achtsamkeit durch Naturbegegnung, soziale Projekte zwischen den Generationen, religiöse und nicht-religiöse Praktiken der Geistesschulung, Rückbesinnung und Förderung der analogen Wirklichkeit gleichwertig *neben* der Digitalisierung.

Es wäre wunderbar, wenn sich diese utopischen Ideen verwirklichen ließen und sehr spannend, ob es gelingen kann, mit solchen Maßnahmen verschüttete Fähigkeiten unseres Geistes zu wecken, die zu mehr Weltliebe führen.

Unbedingter Schutz für die letzten Gemeinschaften dieser Erde, die noch im Einklang mit der Natur leben (wollen): Anerkennung ihrer Lebensweisen, Erhaltung der Lebensräume und Schutz vor fremden Einflüssen. Sie könnten in **Zukunft** ein wichtiger Vorrat für Denk- und Lebensweisen sein, die sich wieder auf die Achtung vor dem Leben zurückbesinnen. Aktiv ist hier beispielsweise die Organisation Survival International (→ **Teil 2**).

Sobald Rohstoffe im Lebensraum isolierter Völker interessant werden, sind die Schutzmaßnahmen in Gefahr.

Bürger:innen:
Es gilt alles zu tun, um unseren Mitmenschen und Mitlebewesen möglichst achtsam, freundlich und mitfühlend zu begegnen. Dies sollte Anlass geben, unsere eigenen Werte immer wieder kritisch zu prüfen und an zukünftige Erfordernisse anzupassen.

Es ist vollkommen offen, wie weit Menschen sich tatsächlich ändern können. Die Geschichte lehrt jedoch, dass es geht – wenn es darauf ankommt!

Natur

Quelle allen Lebens

Verwendete Literatur: [12], [20], [31], [49], [54], [58], [71]

Wohl kaum zwei Begriffe stehen sich so unvereinbar gegenüber wie Kultur und Natur. Während Kultur mit lauter positiven Dingen wie Kunst, **Bildung** und **Fortschritt** – sprich: dem zivilisierten, geistigen und anregenden **Leben** schlechthin – verbunden wird, haftet dem Naturbegriff auch etwas Wildes, Unbeherrschbares, Gefährliches an, dem man nicht schutzlos ausgeliefert sein möchte.

An dieser Auffassung lässt sich erkennen, dass uns die **Entwicklung** der Zivilisation im Laufe der Jahrhunderte immer mehr von der Natur entfremdete: Rund 90 Prozent unserer Zeit verbringen wir im Schnitt in Räumen und Fahrzeugen, wo sich die meisten von uns mit ganz anderen Dingen als mit der Natur beschäftigen (bei der **Jugend** ist der Zeitunterschied häufig noch größer). Auch in den restlichen 17 Stunden der Woche fällt die wenigste Zeit der meisten Stadtbewohner:innen auf echte Naturbegegnungen.

Unser Leben hat daher kaum noch Naturbezug und so wundert es nicht, dass die Vorstellungen davon häufig falsch und verzerrt sind: Die Einen wissen mehr über den tropischen Regenwald als über unsere heimischen Laubwälder, die Anderen haben übertriebene Angst vor dem Fuchsbandwurm oder der Tollwut. Manche Kinder glauben, dass Kühe lila sind, sie ekeln sich vor der Milch, wenn sie erfahren, dass sie aus einem Euter kommt und halten es für ein Verbrechen, auf die Jagd zu gehen. Genauso wirklichkeitsfern ist es, die Abläufe der Biochemie oder der Evolution zu kennen, aber eine Eiche nicht von einer Buche unterscheiden zu können.

Es wird höchste Zeit, die Natur wieder als das zu sehen, was sie wirklich ist – als die großartige, sich selbst erhaltende **Ordnung** des Universums! Selbst wenn Natur zumeist »wie Unkraut« ist und jede zerstörte Landschaft im Lauf der Zeit ganz von allein wieder heilt, hängt das Ausmaß ihrer Selbstheilungskraft davon ab, wieviel funktionsfähige Natur und welche Arten von **Pflanzen und Tieren** noch im Umfeld vorhanden sind. In einer eintönigen Agrarsteppe oder in abgeholzten Regenwäldern heilen die Wunden nur extrem langsam oder (ohne aktive Naturschutzmaßnahmen) absehbar gar nicht. Die weltweite Landschaftszerstörung hat bereits so enorme Ausmaße angenommen, dass die Leistungsfähigkeit der Natur dort erheblichen Schaden genommen hat. Diese beruht unter anderem auf der biologischen Vielfalt und so ist die Tatsache, dass rund eine Million Arten vom Aussterben bedroht sind, mindestens ebenso gefährlich für unsere **Zukunft** wie der **Klimawandel.**

Um die Natur der Erde dauerhaft lebens- und anpassungsfähig zu erhalten (und damit ihre Funktionen – etwa für das Weltklima und die überlebensnotwendigen Stoff- und Energiekreisläufe), ist es notwendig, ein *Vielfaches* der Fläche der bisher bestehenden strengen Schutzgebiete auszuweisen ... und diesen Schutz wirksam zu überwachen. Wir dürfen es uns nicht mehr erlauben, immer mehr Flächen dem Wachstumszwang der **Wirtschaft** zu opfern. Insbesondere die verbliebenen Wildnisgebiete – etwa Hochgebirge, nordische Wälder, Steppen, Savannen und Regenwälder sowie bestimmte Bereiche der Ozeane – benötigen sofortigen Totalschutz!

Kommen wir noch einmal auf die Stellung der Natur im Weltbild der **Menschen** zurück: Claude Lévi-Strauss hat entdeckt, dass es zwei gegensätzliche Einstellungen gibt: In den Industriekulturen gilt, dass wir die **Umwelt** unseren Bedürfnissen anpassen können und dürfen: Die Natur ist ein Gegner, den es zu beherrschen gilt; ein Werkstück, das beliebig verändert werden kann; ein Warenlager, das uns uneingeschränkt zur Verfügung steht (der Einfluss des **Christentums** ist dabei unverkennbar). Erdverbundene, naturnah lebende Kulturen hingegen halten die Fähigkeiten des Menschen für unvollkommen: Die Natur ist die Mutter, die allein das Leben ermöglicht; (bestimmte) Lebewesen werden oftmals als Verwandte betrachtet; die Kreisläufe der Natur gelten als heilig und unantastbar, sodass jegliche Veränderung als Gefahr gesehen wird.

Demnach hängt es von unserer Einstellung ab, was Natur »ist«. Sicher ist jedoch, dass die Leistungs-, Widerstands- und Anpassungsfähigkeit der Nutzpflanzen und -tiere vom Klima, der Wasserqualität, der Bodenfruchtbarkeit und der biologischen Vielfalt abhängt. Diese Dinge können Chemie, Genetik und **Hochtechnologie** zum Teil verbessern, aber niemals *erschaffen und erhalten!* Wir haben **Verantwortung** für die Natur ... Mehr noch: Es wäre durchaus angemessen, die Natur und das Wunder des Lebens wieder als etwas *Heiliges* zu ehren, denn auch unser Wohl ist nach wie vor hundertprozentig von ihren Funktionen abhängig. Wir sind nur ein *Teil* ihrer großen Ordnung und nicht ihre Beherrscher! Wie heißt es so eingängig in einem Spruch der Umweltbewegung aus den 1980ern: *»Erst wenn der letzte Baum gerodet, der letzte Fluss vergiftet, der letzte Fisch gefangen ist, werdet ihr merken, dass man Geld nicht essen kann«.*

Lösungsansätze / *Einschätzung*

Staat:
Naturschutz müsste vor allen anderen Interessen Vorrang bekommen und die Zahl der (Total-)Schutzgebiete deutlich erhöht werden.

Für die herrschende Wirtschaftsordnung, die auf immer weiter wachsendem Verbrauch beruht, ist Naturschutz eher ein Hindernis. So werden Schutzmaßnahmen oftmals verhindert, verwässert oder verzögert, wenn ihnen wirtschaftliche Interessen gegenüberstehen.

Bürger:innen:
Es wäre wünschenswert, wenn sich viel mehr Menschen für den Schutz der Natur einsetzen würden – sei es durch aktive Mitarbeit in einer Naturschutzorganisation, durch bewussten Konsum beziehungsweise Verzicht auf umweltzerstörende Produkte oder die Unterstützung von politischen Forderungen nach weiteren Schutzgebieten.

Im Bereich Umwelt- und Naturschutz gibt es erfreulich viele Organisationen, die mit vielen Ideen und unermüdlichem Einsatz für die Erhaltung unserer Lebensgrundlagen kämpfen. In Teil 2 stelle ich Hoffnungsträger:innen von BUND, EuroNatur, Greenpeace, NABU, Naturfreunden, Rettet den Regenwald, Robin Wood und WWF Deutschland vor. Hilf mit!

Der Aufenthalt in der Natur bringt nachweislich große Vorteile für die seelische und körperliche Gesundheit – nicht nur bei sportlicher Betätigung. Darüber hinaus besteht im Freien immer wieder die Gelegenheit, einen Blick auf das »Große Ganze« zu erhaschen. Zwei bis fünf Stunden in der Woche Aufenthalt im Grünen werden aus gesundheitlicher Sicht empfohlen.

Die Jugend, die noch nach Orientierung sucht, kann das eine wie das andere umsetzen, sofern die Umstände Begeisterung für die Natur wecken. Als Erwachsene hingegen lassen sich unsere gewohnten Denk- und Handlungsmuster viel schwieriger beeinflussen.

ORDNUNG

... ist (fast) alles

Verwendete Literatur: [12], [17], [31], [50], [51], [85], [94], [95]

Obwohl es auch Chaos und Verfall im Universum gibt, ist die Ordnung in vielschichtigen *Systemen* unverkennbar. Sie beruht auf allgegenwärtigen und unveränderbaren Naturgesetzen. So entstanden aus vormals völlig unterschiedslosen Wellen oder Teilchen im Laufe der Zeit Abermillionen abgrenzbarer Gebilde auf vielen verschiedenen Ebenen: Unter anderem die Erde, das Leben und unsere Menschenwelt. Insoweit sind auch wir ein Teil der **Natur**. Das *»Wie?«* dieser Ordnung kann von der Wissenschaft (→ **»X«**) heute ziemlich gut *beschrieben* werden; das *»Warum?«* hingegen ist unergründlich und bleibt letzten Endes den **Religionen** vorbehalten.

Jede wirksame **Ordnung** wird durch ein hochgradig aufeinander abgestimmtes *Miteinander* der Einzelteile bestimmt – ganz egal, ob es sich um einen menschlichen Körper, einen Computer oder das gesamte Universum handelt. Dabei gilt das Prinzip, dass jede neue Ordnung unabänderlich von den übergeordneten Systemen abhängt (etwa jedes Lebewesen vom System Erde, dieses wiederum vom Sonnensystem usw.). Andernfalls hat keine Ordnung lange Bestand.

So kann man beispielsweise für das Leben auf der Erde eine »Energie-Verteilungsregel« erkennen, weil Lebewesen grundsätzlich nur soviel Energie nutzen, wie sie zum Erhalt ihres (biologischen) Lebens benötigen. Das bedeutet, dass etwa eine Amsel beim Flug zu einem Wurm niemals mehr Energie aufwänden würde als ihr die Beute liefert ... Der beispiellos verschwenderischer Lebensstil des **Menschen** erfüllt diese Bedingung eindeutig nicht mehr.

Sobald es innerhalb einer Ordnung zu erheblichen Verstößen gegen die herrschenden Regeln kommt – etwa durch überhöhten Energieaufwand oder durch zuviel Gegeneinander der Einzelteile – ist sie ernsthaft gefährdet. Das gilt zum Beispiel bei einer Krebserkrankung: Während das Wachstum eines gesunden Lebewesens irgendwann zu einem Ende kommt, wachsen Krebszellen immer weiter: Entgegen einem gesunden Organismus stillen sie ihren unersättlichen Energiehunger überall im Körper und breiten sich planlos aus – obwohl sie damit häufig ihr eigenes Todesurteil besiegeln.

Natürlich war die **Entwicklung** nie geradlinig, denn sie beruht auf Versuch und Irrtum und Fehler sind *geradezu notwendig*. So kann etwa unser Immunsystem nur durch Krankheiten stark werden.

Die Ordnung menschlicher Gruppen beruht jedoch vor allem auf den Wertvorstellungen ihrer Mitglieder und ist damit im Gegensatz zu den Naturgesetzen grundsätzlich veränderbar. Wir Industriemenschen legen zumeist großen Wert auf unsere persönliche Freiheit, auf Eigentum und Wettbewerb. Demnach ist das »Gegeneinander« ein wesentliches Kennzeichen der modernen Weltordnung. Es beginnt bereits in der **Jugend** mit den Schulnoten, setzt sich bei der beruflichen Karriere fort und drückt sich im Großen in Bilanzen, Aktienkursen und volkswirtschaftlichen Kennzahlen aus.

Vom Grundsatz ist auch das Gegeneinander kein Problem, da sich jede Ordnung im Rahmen der Naturgesetze frei entwickeln kann. Fraglich ist allerdings, ob die heutigen Spielregeln der Wirtschaft, die zu erheblichen Belastungen des Planeten geführt haben, noch zu den übergeordneten Kreisläufen der Natur passen, oder ob sie schlicht *unnatürlich und krankhaft* sind. Sie begünstigen Eigennutz und Gewaltbereitschaft (→ **Terror und Krieg**), die das **Leben** und unsere **Sicherheit** gefährden. Überdies führen sie zu einer hemmungslosen Ausbeutung der **Umwelt** mit einem gigantisch hohen Stoff- und Energieverbrauch: Im Durchschnitt braucht ein Mensch heute mit all seiner **Hochtechnologie** 12 bis 20 mal mehr Energie als ein Steinzeitmensch, der ohne all das auskam. Für die Bewohner der Industriestaaten erreicht diese Zahl sogar das 75-fache.

Doch ebenso ist die Frage berechtigt, ob der menschliche **Fortschritt** mit allen seinen Eigenarten nicht ebenso natürlich wie die Evolution ist und ob es überhaupt einen anderen Weg für uns gibt?

Eines bleibt jedenfalls sicher: Jede Ordnung ist zwingend den Regeln höherer Ordnungsstufen unterworfen; andernfalls wird sie nicht lange Bestand haben. Wollen wir den Zusammenbruch verhindern, müssen wir **Verantwortung** für unser Tun und Lassen übernehmen und die Vorgaben der Natur wieder als übergeordnete »heilige« – das heißt unantastbare – Ganzheit anerkennen, wie es unsere Vorfahren Jahrzehntausende lang gemacht haben.

Gleichwohl ist nichts so beständig wie eine einmal gefestigte Ordnung! Selbst Menschen mit einer umfassenden **Bildung** tun sich schwer, die herrschenden menschengemachten Muster unserer Welt in Frage zu stellen und so findet sich (bis jetzt) nur eine Minderheit, die einen grundlegenden Wandel unterstützen würde.

Doch der Wandel wäre möglich, denn sowohl die Ordnung als auch wir Menschen sind grundsätzlich in der Lage, die Richtung auch radikal zu verändern!

Lösungsansätze / *Einschätzung*

Staat:
Die Gesellschaft muss kurzfristig alle Kräfte bündeln, um den gigantischen Energie-, Stoff- und Landschaftsverbrauch drastisch zu verringern, damit unsere Lebensweise die übergeordneten Systeme der Erde nicht länger schädigt. Die Unversehrtheit der natürlichen Kreisläufe und Funktionen ist grundlegend für unser Überleben. Da unsere technischen Möglichkeiten häufig deutlich überschätzt werden, ist dazu vor allem eine Neuausrichtung unserer Wertvorstellungen erforderlich: Statt Wachstum, Wettbewerb und Eigentum müsste das *Miteinander* aller Menschen zur ersten »Staatstugend« und die *Gemeinwohl-Ökonomie* zur neuen Wirtschaftsordnung erhoben werden.

Obwohl die Auswirkungen der herrschenden Ordnungsmuster zweifellos nicht zukunftsfähig sind, hält die Mehrheit noch daran fest. Es ist das »Gewohnte«, das uns als Ergebnis einer ununterbrochenen Entwicklung bis heute das Überleben ermöglicht hat und so erfordert es leider sehr deutliche und langanhaltende Gefahrensignale, damit es von vielen Menschen in Frage gestellt und von der Politik angefasst wird. Derzeit sind die Ansätze für solche grundlegenden Veränderungen der Gesellschaft noch sehr klein, doch der Mauerfall ist für mich immer wieder ein Beispiel dafür, dass ganz unerwartet und sehr schnell auch große Umwälzungen eintreten können. Wir dürfen uns allerdings nicht darauf verlassen und deshalb untätig bleiben!

Bürger:innen:
Eine ganzheitliche Sicht auf die Dinge – das heißt: ein weitreichendes Verständnis für die Gesetzmäßigkeiten und Zusammenhänge von Ordnungen – beziehungsweise Systemen – auf allen Ebenen ist eine unbedingte Voraussetzung für eine **zukunft**sfähige Bildung! Jeder Mensch sollte sich immer wieder damit beschäftigen.

Ich habe den Eindruck, dass die Corona-Krise bei vielen Menschen das Interesse für globale Zusammenhänge geweckt hat. Bleibt zu hoffen, dass sich das nachhaltig fortsetzt.

PFLANZEN UND TIERE
Rohstoffe oder Verwandte?

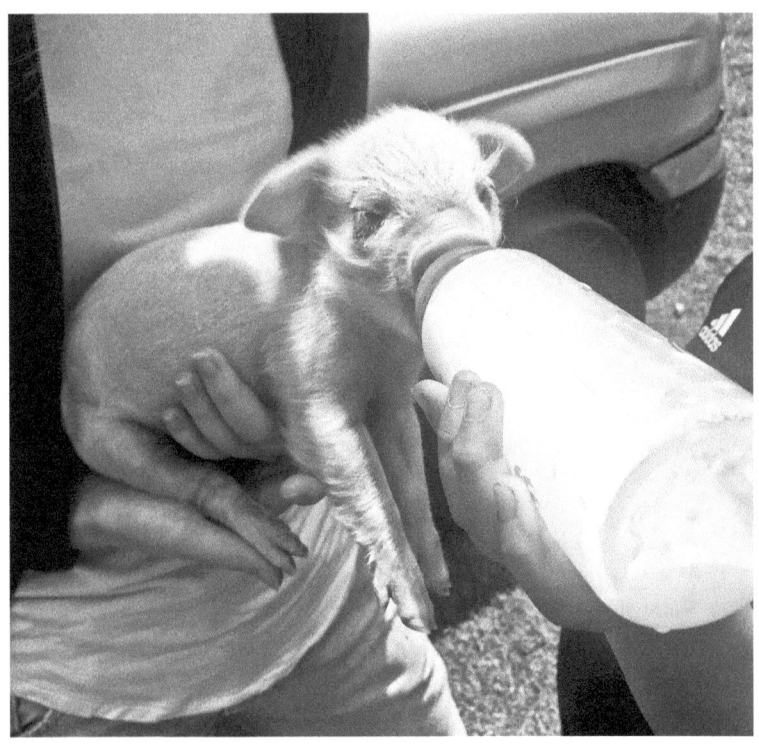

Verwendete Literatur: [6], [46], [47], [73], [79], [87], [101]

Wenn es um unsere Mitlebewesen geht, sind drei Problemfelder besonders folgenschwer: Das Artensterben, die Nahrung und unsere abnehmende Nähe zur **Natur**.

Aussterben ist ein normaler Vorgang, der im Normalfall die biologische Vielfalt fördert. Erst Massenaussterben verursachen einen Zusammenbruch der bisherigen **Ordnung**. Bisher war zumeist ein **Klimawandel** die Ursache solcher Ereignisse – ausgelöst von Vulkanausbrüchen oder dem Einschlag von Himmelskörpern. Nach einhelliger Meinung der Wissenschaft (→ »**X**«) befinden wir uns heute wieder in einem Massenaussterben, denn die Zahl der Säugetiere, Vögel, Reptilien und Fische hat sich in den letzten 40 Jahren halbiert und man schätzt, dass täglich rund 380 Pflanzen- und Tierarten aussterben: Das ist mindestens 1.000 mal soviel wie unter normalen Bedingungen! Die Ursache ist der **Mensch**, der immer mehr Landschaften zerstört, verändert und verseucht. Selbstredend spielt dabei die immer größer werdende Zahl der Weltbevölkerung eine wichtige Rolle, doch an erster Stelle stehen Wachstumszwang und Wettbewerb der **Wirtschaft**: Ohne eine ständige Steigerung von Umsatz und Verbrauch können Unternehmen heute nicht langfristig bestehen. Dies führt zu einer beschleunigten Entwicklung wirkungsvoller **Hochtechnologie**, um immer mehr produzieren zu können. Es ist offensichtlich, dass die **Qualität** der Produkte, das Überleben von wilden Arten und die Ansprüche von Nutztieren selten Vorrang genießen, da sie Kosten verursachen.

Das Massenaussterben ist die größte Bedrohung für uns! Sterben bestimmte Arten aus, kann die Erfüllung wichtiger Aufgaben in den natürlichen Kreisläufen ausfallen, sodass ganze Lebensgemeinschaften auf dem Spiel stehen. Ein besonders eindrückliches Beispiel dafür ist das Insektensterben in Bezug auf die Pflanzenbestäubung, die auch für viele Nahrungspflanzen eine nicht zu unterschätzende Bedeutung hat. Die **Sicherheit** der Nahrungsmittelproduktion ist außerdem von der Vielfalt des natürlichen und durch Zuchtwahl erzeugten Erbgutes abhängig, damit sich Arten weiterhin neu bilden und anpassen können. Mittels Gentechnik ist es unmöglich, diese Leistung künstlich zu ersetzen. Würde etwa eine Kartoffelsorte von einer tödlichen Pflanzenseuche befallen, läge die Rettung in der Sortenvielfalt, die in vielen Jahrhunderten entstanden ist.

Die früheren bäuerlichen Methoden haben durch die Schaffung

eines abwechslungsreichen Landschaftsmosaiks die Artenvielfalt erhöht. Die Anlage riesiger, mit chemischen und technischen Mitteln künstlich ertragreich gemachter Produktionsflächen bewirkt das genaue Gegenteil. Da am Ende immer die Verbraucher:innen stehen, liegt sowohl die Flächenvernichtung als auch das Wohl der Nutztiere in unser aller **Verantwortung**: So ist es eine leicht nachprüfbare Tatsache, dass die Erzeugung tierischer Produkte wesentlich mehr Flächen benötigt als der Pflanzenanbau (bei gleich hohem Kalorienertrag). Wären Fleisch- und Milchprodukte etwas Besonderes, das man nur selten genießt (oder auf das man völlig verzichtet), hätte man der **Umwelt** ganz sicher *und* der Gesundheit wahrscheinlich etwas Gutes getan. Kauft man zudem vorwiegend Bioprodukte, fördert man den umweltgerechteren Anbau ohne Chemikalien auf lebendigeren Flächen und damit eine gesündere Ernährung und das Wohl aller betroffenen Pflanzen und Tiere.

Beim Essen kommt noch etwas anderes hinzu: Es ist ein Unterschied, ob wir uns *nebenbei* einen Hamburger oder eine Tafel Schokolade einverleiben oder ob wir *Wert* auf vollwertige Kost legen und achtsam sowie mit bewusster Dankbarkeit oder gar Ehrfurcht essen (→ **Religion**, **Yin und Yang**). Dies führt uns zum dritten Punkt, der abnehmenden Nähe zu unseren Verwandten:

Im Lauf der **Entwicklung** wurden Gegenstände aller Art immer zahlreicher und wichtiger für die Menschheit. So haben wir uns von den anderen Lebewesen immer weiter entfremdet. Im Alltag sammeln wir kaum noch Erfahrungswissen über sie, sondern greifen meist auf eine *verkopfte* **Bildung** über **Informationen** von Dritten zurück. Daher ist unser Bild von den Mitgeschöpfen sehr oft lückenhaft oder falsch und vor allem verzerrt! Wir wissen zwar alle, dass ein Schnitzel Teil eines toten Schweins ist, dennoch wird uns das nie so bewusst sein wie Jäger:innen, die ihre Beute selbst aufspüren, erlegen, transportieren, zerteilen und zubereiten.

Es ist eine Binsenweisheit, dass unser Einsatz für irgendetwas davon abhängt, wie sehr wir es wertschätzen und lieben. Insofern ist es zu kurz gegriffen, Tiere und Pflanzen nur aufgrund nüchterner Fakten zu schützen. Viele Insekten und sogenannte *Unkräuter*, die die meisten Mitmenschen weder kennen noch lieben, sind für die Natur mindestens ebenso wichtig wie der niedliche Panda. *»In jedem Lebewesen wohnt ein kleiner Gott!«*, sagen die Jakuten Sibiriens.

Lösungsansätze / *Einschätzung*

Staat:
Massive Förderung der biologischen Landwirtschaft. Höhere Besteuerung umwelt- und gesundheitsschädlicher Lebensmittel, Verpackungen und Transporte, um die Kosten zur Regulierung der Umwelt- und Gesundheitsschäden vorab in den Preisen zu erfassen. Aufklärung über Herstellung, Transport und Verarbeitung der Nahrung und deren Risiken sowie über das derzeitige Artensterben – seine Ursachen und Folgen – im Lehrplan der Schulen und auf allen Bildungswegen.

Viele Ansätze sind bereits vorhanden und die Corona-Pandemie hat zu einer deutlich höheren Nachfrage nach ökologisch unbedenklichen Produkten und zu einem rückläufigem Fleischkonsum geführt. Das macht Hoffnung. Aufgrund der starken Wirtschaftslobby mangelt es jedoch noch an Unterstützung durch die Politik.

Bürger:innen:
Weitgehend auf Fleischwaren verzichten und den Verzehr tierischer Produkte (einschließlich Eier und Milchprodukte) deutlich verringern. Produkte aus der eigenen Region bevorzugen und auf jegliche Palmölprodukte gänzlich verzichten. Darüber hinaus viel häufiger Gelegenheiten suchen, um sich mit den Mitlebewesen auf natürliche Art und Weise zu beschäftigen.

Da der Preis bei sehr vielen Menschen die Auswahl der Lebensmittel bestimmt und nicht die Qualität, ist – selbst unter dem Eindruck der Schlachthaus-Skandale während der Corona-Pandemie – nur eine langsame Änderung zu erwarten. Wer sich für Tierschutz einsetzen möchte, sollte sich in Teil 2 die Hoffnungsträger:innen des Deutschen Tierschutzbundes und der Albert Schweitzer Stiftung für unsere Mitwelt anschauen. Wer durch Patenschaften von Kühen, Ziegen, Dinkelfeldern, Walnussbäumen und vielem mehr den Aufbau einer tier- und pflanzengerechten Landwirtschaft fördern möchte, findet dazu gute Projekte bei CrowdFarming.

QUALITÄT

... statt Quantität

Verwendete Literatur: [60], [78], [82], [89]

Würde man der Werbung Glauben schenken, ist Qualität *das* herausragende Merkmal des heutigen Warenkorbes. Doch vielfach ist das schöngeredet, zum Teil gelogen oder zumindest verzerrt dargestellt – denn in Wirklichkeit verursacht höhere Produktqualität zwangsläufig höhere Kosten, sodass sich in vielen Bereichen eher minderwertige Massenware und eine unübersichtliche Vielfalt fast gleicher Produkte durchgesetzt hat. Das nötigt die Unternehmen, ihre Produkte im besten Licht darzustellen, um ihren Umsatz zu steigern und im Wettbewerb mithalten zu können – auch auf Kosten der Wahrheit. Dies wiederum ist eine Folge des Wachstumszwangs, einer widernatürlichen Spielregel der **Wirtschaft**.

So erzählen uns die Herstellerfirmen, dass die neuesten **Hochtechnologie** – etwa die aktuellsten Smartphone- oder Auto-Modelle – aufgrund völlig neuer Eigenschaften oder Bauteile zwangsläufig die qualitativ hochwertigeren seien …

Qualität bedeutet jedoch Zuverlässigkeit der Funktionen, lange Haltbarkeit, Nutzerfreundlichkeit sowie die Verwendung geeigneter Bauteile und Rohstoffe … und das alles lässt häufig zu wünschen übrig. So gilt meistens die alte Weisheit: »Qualität hat ihren Preis!«

Im nachhaltigen Sinne gehören zur Qualität selbstverständlich auch **umwelt**freundliche und gesundheitlich unbedenkliche Materialien und klimaneutrale (→ **Klimawandel**) Herstellungsprozesse.

Gleichwohl ist zu beobachten, dass manche (oft nicht direkt erkennbaren) Qualitätsmängel – insbesondere geringe Haltbarkeit und minderwertige Materialien – in den letzten Jahrzehnten zugenommen haben. Aufgrund der Vergleichsmöglichkeiten im Internet ist es für die Verbraucher:innen einfacher geworden, ihre Kaufentscheidung streng nach dem Preis-Leistungs-Verhältnis auszurichten, sodass der Preisdruck auf die Unternehmen weiter zunimmt.

Aufgrund der Kosten ist Qualität in gleicher Weise wie etwa **Natur**schutz oder menschenwürdige **Arbeit** oftmals eher ein »Störfaktor« denn ein Produktmerkmal. Offenkundig trifft das etwa bei vielen Lebensmitteln zu: Zum einen sind das etwa unterbezahlte und menschenunwürdig untergebrachte Arbeiter:innen aus Osteuropa, die unsere Ernten einfahren oder Tiere zerlegen. Zum anderen billige und qualitativ bedenkliche Zutaten wie Zucker, Palmfett und etliche chemische Zusatzstoffe für Geschmack, Aussehen und Haltbarkeit, die sich in außerordentlich vielen industriell hergestellten Nahrungsmitteln finden. Diese Stoffe sind fast alle gesundheitlich bedenklich … wenn man zuviel davon isst. Hier wird Qualität durch das Geschmackserlebnis vorgegaukelt und vielfach regen diese Zutaten den Appetit auf mehr an, sodass der Verzehr zunimmt.

Trotz allem tummeln sich am Markt natürlich nicht nur schwarze Schafe, sondern auch die Anbieter hochwertiger Produkte.

Qualität ist ein hohes Gut in einer Welt, in der so viele materielle Dinge eine Rolle spielen. Doch Qualität kann man ebenso auf ganz andere Lebensbereiche übertragen, die nicht so offensichtlich, aber mindestens genauso wichtig sind:

Die *Qualität* der **Bildung** (Ist sie lückenhaft und beliebig oder umfassend und zielgerichtet?), der **Demokratie** (Wie weitreichend ist der Einfluss der Bürger:innen auf die politischen Entscheidungen?), des **Fortschritts** (Dient er allen Menschen und richtet er keine vermeidbaren Schäden an?), von **Informationen** (Sind sie leicht nachprüfbar und bleiben sie hart an der Wahrheit?) … oder die *Qualität* der gesamten Wirtschaft (Ist die Versorgung *aller* **Menschen** mit allen notwendigen Gütern sichergestellt und ermöglicht das Wirtschaftssystem ihre gleichmäßige Verteilung?).

Schlussendlich geht es um die Qualität unseres gesamten **Lebens** (Was genau bedeutet »Lebensqualität«? Ist es die Verfügbarkeit und der Besitz von Dingen oder die Möglichkeit, sich als Mensch mit all seinen Neigungen und Fähigkeiten zu verwirklichen – oder ist es beides?). Im griechischen Altertum galt etwa das Diskutieren und Philosophieren als höchste Lebensqualität und einige Denker:innen sahen mit Geringschätzung auf die Habgier der einfachen Leute. So soll Sokrates einmal auf einem Markt gesagt haben: *»Wie zahlreich sind doch die Dinge, die ich nicht brauche«.*

Es lohnt sich immer, darüber nachzudenken, wie hoch der »Qualitätsgehalt« von irgendetwas ist!

Das moderne Leben mit seinen billigen Massenwaren ist jedoch so normal, dass sich viele Menschen nicht vorstellen können, dass die Welt auch ganz anders und noch dazu mit einer höheren Qualität in allen Bereichen funktionieren könnte.

So kann Qualität – unter Einbeziehung von Menschlichkeit, Umweltfreundlichkeit und Nachhaltigkeit – durchaus auch als eine Art moderne höchste Tugend im Sinne eines moralischen Grundsatzes (→ **Religion, Christentum & Co.**) verstanden werden.

Lösungsansätze / *Einschätzung*

Staat:
Durch strenge Richtlinien für umweltfreundliche und gesunde Produkte und/oder Steuern, die auf umweltschädliche und ungesunde Produkte erhoben würden, entstünde zwangsläufig eine höhere Warenqualität.

Würde sich die Politik weniger von den Unternehmen beeinflussen und mehr von wissenschaftlichen Erkenntnissen (→ »X«) leiten lassen, wäre solch ein Trend wahrscheinlich realistisch.

Bürger:innen:
Beim Einkauf auf Qualität achten: Dabei sollten nicht nur die verwendeten Rohstoffe, sondern der gesamte Produktionsprozess der Waren bedacht werden. Hilfreich sind dabei Produkte von zertifizierten Bioanbaubetrieben (vor allem Demeter, Naturland und Bioland), Fisch mit MSC oder FOS-Siegel, Textilien mit dem Öko-Tex-Siegel, Holzprodukte aus nachhaltiger Waldwirtschaft (FSC), Produkte aus Entwicklungsländern mit dem Fairtrade-Siegel, *manche* Produkte mit dem »Blauen Engel« usw. Informationen darüber erhält man beispielsweise auf der Internet-Plattform utopia oder bei Öko-Test. Weitere Organisationen, die sich für »verschiedene Qualitäten« einsetzen und in diesem Buch beispielhaft vorgestellt werden, sind Fairtrade Deutschland, foodwatch, Kampagne für saubere Kleidung und SOS Save our seeds (jeweils → **Teil 2**). Ein bisschen stöbern lohnt sich immer!

Da bei sehr vielen Menschen der Preis die Auswahl der Waren bestimmt, ist nur eine langsame Änderung zu erwarten, sofern der Staat nicht den Ausbau nachhaltiger Produktionsweisen fördert, sodass die Preise sinken würden. Zudem muss man sich mit den Siegeln beschäftigen, um ihren Gehalt zu verstehen – und (leider auch) sinnvolle Siegel von Pseudosiegeln unterscheiden zu können.

RELIGION

Die Erkenntnis der Urkraft

Verwendete Literatur: [3], [4], [18], [28], [30], [80], [90], [103]

Der Kern aller Religionen ist der Glaube an eine höchste (göttliche) **Ordnung**, der alles unterworfen ist und gegen die man nicht straflos verstoßen *kann* oder *darf*.

Da niemand allwissend ist, hat jeder **Mensch** unwillkürlich einen Glauben. Die meisten, die lieber wissenschaftlichen Theorien (→ »X«) vertrauen, würden das jedoch kaum als ihre Religion bezeichnen. Der entscheidende Unterschied liegt in der »Letztbegründung«: Während Religionsanhänger bestimmte Antworten auf die »großen Existenzfragen« anerkennen (Warum existiert das Universum? Warum entwickelt sich die Welt? Warum lebe gerade ich? und viele mehr), halten Nicht-Religiöse es häufig für klüger, Fragen, die nicht logisch nachvollziehbar oder wissenschaftlich beschreibbar beantwortet werden können, einfach auszuklammern.

Gelebte Religionen haben noch weitere wichtige Funktionen: Der Glaube ist die »Schnittstelle« zwischen der natürlichen und der menschengemachten Ordnung, die auf diese Weise reibungslos miteinander verbunden werden können. Religion bietet Erklärung für die Auswirkungen unserer Taten auf Mitmenschen und **Umwelt** und begründet somit die moralischen Regeln des Zusammenlebens und im Umgang mit der **Natur**. Das gibt gläubigen Menschen Halt und **Sicherheit**.

Heute wenden sich viele Menschen von den Kirchen ab, unter anderem, weil deren starre Lehren nicht mehr zum modernen **Leben** passen. Auch die Unvereinbarkeit der verschiedenen Religionen passt nicht zu den Weltbildern aufgeklärter Menschen, die wissen, dass es nur eine Wahrheit (aber unzählige Ansichten) gibt.

Solche Fragen wie »War die Ordnung der Welt einfach immer schon da oder wurde sie von Gott geschaffen?«, »Erhält sie ein `ewiges Weltgesetz´ oder eine göttliche Kraft?« oder »Verkörpert sie sich in **Pflanzen und Tieren**, Geistern, Gestirnen, der ganzen Erde oder in bestimmten Menschen?« führen je nach Religion zu ganz unterschiedlichen Antworten. Diese Tatsache behindert die Entstehung einer **Gemeinschaft** von Weltbürger:innen mit einem »großen *Wir-Gefühl*«; das jedoch eine entscheidende Hilfe zur Lösung der großen Menschheitsprobleme wäre.

Die Denker:innen der Stiftung Weltethos und der internationalen Erd-Charta (beide → **Teil 2**) haben dies erkannt und versuchen, eine »Weltmoral« zu entwickeln, die alle Menschen gleich welchen

Glaubens anerkennen können. So sind sich etwa Wertschätzung, Gewaltfreiheit und Genügsamkeit in allen Religionen verankert.

Solche und ähnliche Tugenden wären ein enorm wichtiger Schritt in eine menschlichere Zukunft jenseits der einseitigen Ideenwelt von **Wirtschaft, Fortschritt** und **Hochtechnologie** ... und gegen die schlimmste aller Haltungen: die Gleichgültigkeit. Ein ganzheitliches Weltverständnis und lebensbejahende Werte, die auf einem festen Glauben beruhen, sind förderlich für ein umfassendes **Verantwortung**sbewusstsein und zur **Entwicklung** einer hellwachen Achtsamkeit für alles »Verborgene« (→ **Yin und Yang**).

Trotz des stetigen Mitgliederschwundes bei den Kirchen gibt es nach Ansicht von Fachleuten ein angeborenes »Bedürfnis nach Religion«, das in dem Wunsch wurzelt, die Welt in ihrer Ganzheit zu erkennen, zu begreifen, sowie Orientierung und Sinn darin zu finden. Die Naturwissenschaften können dieses Bedürfnis nicht befriedigen, da ihr Weltbild ohne Letztbegründung unvollständig ist.

Auch wenn der »Kult-Wissenschaftler« Stephen Hawking (im Widerspruch zu vielen Kollegen) behauptet hat, es gäbe eine Weltformel, die alles im Universum restlos und ohne das Wirken einer höheren Macht erklärt, dürfen wir nicht übersehen, dass auch Hawking Gesetzmäßigkeiten voraussetzte, die weder bewiesen noch widerlegt werden können. Eine Weltformel könnte beschreiben, *wie* die Naturgesetze genau zusammenspielen – aber nicht, *warum* sie überhaupt existieren. So bleibt die Welt auch in Zeiten von Quantenphysik und künstlicher Intelligenz ein großes Geheimnis ...

In jeder Sekunde erleben wir durch unser Bewusstsein, dass das Universum existiert und sich ständig verändert. Wie bei den oben erwähnten Tugenden könnte man auch eine »Schnittmenge der Welterklärungen« aufstellen, um darauf ein ganz persönliches Glaubensbekenntnis zu gründen (wobei der folgende Satz freilich jeglicher Anschaulichkeit entbehrt und nur ein erster Entwurf ist):

»Die Ursache der Naturgesetze – und damit aller Erscheinungen im Universum – ist eine allgegenwärtige, ewige und nicht erklärbare Urkraft, deren Ziel die Entwicklung und Erhaltung immer komplizierterer Ganzheiten ist.«

Dieser Annahme folgt fast schon zwangsläufig die Einsicht, dass alle Handlungen, die die natürliche Vielfalt verringern und die nicht sinnvoll mit der Natur wechselwirken, nicht dauerhaft Bestand haben können.

Lösungsansätze / *Einschätzung*

Kirchen/Religionen:
Jede Weltreligion müsste bereit sein, ihren alleinigen Wahrheitsanspruch aufzugeben und nach den gemeinsamen Glaubenssätzen und Moralvorschriften aller Religionen zu suchen, um die Menschen nicht mehr zu einem bestimmten Bekenntnis zu bekehren, sondern vom »Religiösen an sich« zu *überzeugen*.

Schon allein die Gedanken an die Unfähigkeit der katholischen Kirche zur Aufarbeitung der Kindesmisshandlungen und der Modernisierung ihres eigenen »Hauses« oder an den Missbrauch des Islams zum Machterhalt etlicher Herrscher ersticken den Glauben an eine solche Entwicklung im Keim.

Staat:
Die Verfassungen **demokratischer** Staaten könnten hinsichtlich moralischer Grundsätze zum Verhältnis Mensch – Mitlebewesen – Umwelt im Sinne einer neuen, weltweit verbindenden Wertegemeinschaft erweitert werden. Dies sollte die Möglichkeit einer höchsten, nicht näher untersuchbaren Macht und eine »Heiligkeit« der Erde und ihrer Geschöpfe enthalten.

Verfassungsänderungen brauchen in jeder Demokratie sehr lange, sind jedoch nicht unmöglich, wenn genügend Menschen sich einsetzen.

Bürger:innen:
Seht euch immer wieder um und fragt euch, woher diese unfassbare Vielfalt und Ordnung in der Natur stammt … und wie wir Menschen damit umgehen!

Wir sind alle gefangen in unserer gewohnten Ordnung: Die meisten Menschen sind heute durchaus in der Lage, Zusammenhänge und Missstände zu erkennen und ein Bewusstsein dafür zu entwickeln – doch es ist und bleibt eine unserer schwierigsten Aufgaben, alte Gewohnheiten aufzugeben. Wer dazu eine Religionsgemeinschaft sucht, jedoch mit seinem persönlichen Glauben keinen Zugang zu den Weltreligionen findet, könnte möglicherweise bei den freien Unitariern einen passenden Rahmen finden (→ Teil 2).

SICHERHEIT

... gibt es nicht

Verwendete Literatur: [8], [88], [102]

Spätestens seit dem Corona-Ausbruch dürfte es klar geworden sein, dass Sicherheit nur eine trügerische Hoffnung ist. Durch die vielfältigen, weltumspannenden Verbindungen zwischen den **Menschen** konnte sich der neue Krankheitserreger von China aus rasend schnell über den Erdball verbreiten und die gesamte Menschheit in eine Krise stürzen. Es kostete nicht nur massenhaft Menschenleben, sondern verursachte auch Not und Leid aufgrund der Folgen für die **Wirtschaft**. Fassungslos standen viele von uns vor leeren Regalen im Supermarkt und viel zu lange verstanden einige Menschen nicht, warum sie sich nicht mit Anderen treffen durften, da sie doch völlig gesund waren. Doch auch gut informierte Menschen waren überfordert, denn die Nachrichten überschlugen sich, die Fallzahlen galoppierten immer schneller davon und die Auswirkungen machten deutlich, wie sehr alles miteinander verwoben ist.

Die Angst vor Krankheit, Armut, Verbrechen, **Terror und Krieg** gab es natürlich auch schon vor Corona. Sicherheit ist in erster Linie eine sehr persönliche *Empfindung* – die natürlich auch auf falschen **Informationen** beziehungsweise Einschätzungen beruhen kann. Zwar ist die Zahl der Kriminalfälle zurückgegangen, doch gleichzeitig hat sich die Zahl der Berichterstattungen seit der Einführung des Privatfernsehens und der sozialen Medien enorm erhöht. Heute sind es unter anderem die Bilder über das Flüchtlingsdrama, das bei vielen Menschen unbestimmte Ängste auslöst.

In der **Jugend** lernen wir, unter welchen Bedingungen wir Menschen Vertrauen schenken können. Je mehr jemand davon abweicht, desto größer ist unsere Wachsamkeit. Das Misstrauen gegenüber Fremden hängt auch von der Wichtigkeit ab, die wir unserem Eigentum beimessen. Als die Handelsbeziehungen in der Vorgeschichte immer häufiger wurden, nahm die Zahl der Kontakte unter Fremden immer mehr zu, Wettbewerb und Auseinandersetzungen wurden härter, der Eigennutz trat immer mehr in den Vordergrund. Im Gegenzug nahm das Gefühl der **Verantwortung** stetig ab, je häufiger die Menschen die Geborgenheit ihrer angestammten **Gemeinschaften** verließen.

Doch das Gefühl von Sicherheit spielt nicht nur in unserem Verhältnis zu anderen Menschen eine Rolle, sondern im weiteren Sinne auch bei der Versorgungslage bezüglich der Dinge, die wir zum **Leben** benötigen (Nahrungsmittel, Wasser, Kleidung, Wohnung, Energie uvm.), bei allen möglichen Gefahren für Leib und Leben (Gesundheit, Unfallgefahr, Krieg usw.) und schließlich auch bei unserem grundsätzlichen Vertrauen in Gesellschaft und **Demokratie**. Erzeugen die Medien auch dabei eine verzerrte Wahrnehmung? Ist alles vielleicht doch harmloser als berichtet wird? ... oder aber noch viel schlimmer?

Trotz großer **Fortschritte** – etwa in **Hochtechnologie** und Medizin – wachsen die Gefahren für Leib und Leben weltweit zusehends. Corona war ein erster Vorgeschmack auf die Krisen, die uns in **Zukunft** erwarten könnten: Die zunehmende Zerstörung der **Natur**, die Verseuchung der **Umwelt**, der **Klimawandel** oder der steigende Leistungsdruck bei der **Arbeit** werden nicht folgenlos bleiben, solange wir weiterhin so wirkungslos dagegen vorgehen wie bisher und vom Grundsatz nichts Entscheidendes an den Bedingungen des modernen Lebens und Wirtschaftens ändern.

Das Gefühl für Sicherheit hängt eng mit unserem Glücklichsein zusammen und so wundert es nicht, dass wir Unangenehmes gern ausblenden oder voreilige Schlüsse ziehen: Je größer unsere Ängste sind und je mehr wir uns nur für unser eigenes Wohl interessieren, desto größer ist die Gefahr, falschen Informationen aufzusitzen!

Lügen lassen sich beliebig erfinden und zu glaubhaften Geschichten knüpfen, sodass sie gegenüber komplizierten Wahrheiten viel leichter große Gefühle auslösen können. Wenn man uns dabei irgendwelche Gefahren oder Missstände vorgaukelt, dann kann ein verhängnisvoller Teufelskreis in Gang kommen, denn wir sind für negative Nachrichten viel empfänglicher als für positive. Auf diese Weise können wir Gefahren frühzeitig erkennen – doch ebenso ist es für Hassprediger und ähnliche Angstmacher viel einfacher, ihre Ziele zu erreichen. Hinzu kommt die Tatsache, dass wir auch heute noch dazu neigen, an einfache Schuldzuweisungen auf bestimmte Sündenböcke zu glauben. So entsteht unter anderem Rassismus.

Um uns trotz einer unsicheren **Zukunft** sicher zu fühlen, brauchen wir drei Dinge: Mut zur Wahrheit, das unablässige Bemühen um **Bildung** und die Entwicklung echter *Liebe*, die sich möglichst auf alle Wesen erstreckt. Letzteres wäre besonders wirksam, sofern wir es als Teil unserer **Religion** oder »Weltgespürs« (→ **Yin und Yang**) auffassen. Wenn das gelingt, werden wir wachsen und Selbstvertrauen entwickeln: die Grundlage für ein glückliches Lebens.

Lösungsansätze / *Einschätzung*

Staat:
Für gute Politik gilt das gleiche wie für den PC: *»What you see is what you get!«* Alle leeren Versprechungen und jede Lüge verunsichern die Bürger:innen und sollten daher unter Strafe gestellt werden. Ebenso natürlich das Volksverhetzen durch Politiker:innen und andere Personen des öffentlichen Lebens oder der sozialen Medien, die mit dem Sicherheitsbedürfnis der Menschen spielen. Zudem würde mehr Demokratie – sprich: Einflussmöglichkeiten für jede:n Einzelne:n über das Kreuzchen hinaus – ebenfalls das Gefühl der Sicherheit erhöhen.

Wenn wir uns intensiv mit der Politik auseinandersetzen und nur rechtschaffene Politiker:innen wählen, könnte eine solche Entwicklung eintreten. Wie die letzten Präsidentschaftswahlen in den USA wieder einmal eindrucksvoll gezeigt haben, ist dafür allerdings eine weitreichende Allgemeinbildung eine wichtige Voraussetzung. Sie schützt vor Verschwörungsideen und Lügen.

Bürger:innen:
Auch in Sachen Sicherheit ist schon viel gewonnen, wenn jede:r sich redlich darum bemühen würde, bei allem nach der Wahrheit zu forschen und sich nicht vom Hörensagen verunsichern zu lassen oder Nachrichten zu vertrauen, in denen behauptet wird, nur sie würden die Wahrheit offenbaren.

Die weltweite Zugänglichkeit der Informationen – beginnend mit der Internet-Enzyklopädie Wikipedia (→ Teil 2) – schafft erstmals die Möglichkeit, alle Nachrichten grundsätzlich überprüfen zu können und so Sicherheit zu gewinnen. Ganzheitliches Wissen schützt vor unbegründeten Ängsten! Das setzt natürlich ein zielstrebiges Interesse an der Wahrheit voraus und die Fähigkeit, sich weder von den vielfachen Verfälschungen und Unwahrheiten im Netz täuschen noch von Werbung und Spielerei ablenken zu lassen.

TERROR UND KRIEG
Vermeidbares Schicksal?

Verwendete Literatur: [20], [26], [27], [63], [94], [102]

Terror ist das unmenschlichste Mittel, um bestimmte Ziele in einem Staat zu erreichen. Krieg ist der Versuch einer politischen Führung, Menschengruppen mit brutaler Gewalt eine andere **Ordnung** aufzuzwingen oder sich fremden Land- oder Güterbesitz anzueignen.

Alle verwerflichen, unmoralischen Verhaltensweisen, aus denen Verbrechen, Terrorismus und Kriege entstehen können – Lug und Trug, Macht- und Habgier, Neid und Missgunst – finden sich nicht erst beim **Menschen**, sondern auch bei verschiedenen Tieren; freilich fast immer in wesentlich schwächerer Ausprägung und abhängig von der Tierart. Werfen wir einen kurzen Blick auf unsere Verwandten, die Menschenaffen:

Während Bonobos (Zwergschimpansen) untereinander meist friedlich sind, führen Schimpansen (unsere nächsten Verwandten) regelrechte Kriegszüge gegen andere Gruppen, bei denen auch Feinde getötet werden.

Die ältesten Knochenfunde, die eindeutig auf gewaltsame Auseinandersetzungen unter Menschen deuten, stammen von Jägern und Sammlern aus der Mittelsteinzeit. Demgegenüber ist jedoch bekannt, das die meisten in jüngerer Vergangenheit lebenden Jägergruppen – die weder Ungleichheit noch Herrschaft oder große Besitztümer kannten – ausgesprochen friedlich waren.

Eine der besonderen Eigenarten des Menschen ist seine enorme Anpassungsfähigkeit: Das gilt nicht nur in Bezug auf die **Umwelt**, sondern auch für die Regeln, die er sich selbst gegeben hat. Im Umkehrschluss ist es eben diese gesellschaftliche Ordnung, die die Wertvorstellungen der Menschen bestimmt und die darüber entscheidet, *wie* sich unsere Streitlust entlädt:

In einer Weltgesellschaft, in der große Rang- und Besitzunterschiede, ständiger Wettbewerb, eigennütziges Gewinnstreben und ungerechte Mittelverteilung als normal gelten und wo Eigentum strenger geschützt wird als Natur, weil das »Haben« (von Dingen, Macht und Einfluss) einen besonders hohen Stellenwert hat, sind Verbrechen, Terror und Kriege geradewegs zu erwarten.

Es heißt, dass die Staatsform der **Demokratie** die Bedingungen für Kriege und Gewaltverbrechen deutlich schmälere und tatsächlich belegen die Statistiken dies (wenngleich viele Autor:innen die Daten für unvollständig halten). Wie ist das zu erklären? Sofern die Wähler:innen über genügend **Bildung** und verlässliche **Informa-**

tionen verfügen, ist die Chance deutlich geringer, dass selbstsüchtige und gewissenlose Politiker:innen die Macht ergreifen, die sowohl innen- wie außenpolitisch Gewalt als geeignetes Mittel ansehen. Davor schützt auch die für Demokratien übliche Gewaltenteilung.

Darüber hinaus ist jedoch ebenfalls zu beachten, dass moderne Staaten immer erfolgreicher auf die bestehenden Angriffsmuster reagieren, so wie ein gesunder Körper Krankheiten abwehren kann. Wenn allerdings neue, bisher unbekannte Muster entstehen – und das wird wie immer in der Geschichte irgendwann passieren – kann sich der Trend innerhalb kürzester Zeit umkehren. Drei Beispiele: Cyberkrieg, die Vernetzung von Verbrecherorganisationen durch die sozialen Medien oder die Zuwanderung von Flüchtlingen aus anderen Kulturen, die einige Menschen als Bedrohung empfinden.

Dass neue **Entwicklungen** auch eine Demokratie untergraben und zu mehr Gewalt führen können, ist derzeit an vielen Beispielen zu erkennen: So wissen wir seit Donald Trump, dass dazu selbst abwegige Behauptungen eines Präsidenten reichen.

Der beste Weg in eine gewaltfreie Gesellschaft wäre demnach eine gänzlich neue Weltordnung, die auf dem Gemeinwohl und nicht-dinglichen Werten beruht; etwa auf den Tugenden ursprünglicher, kleiner **Gemeinschaften**, bei denen die Menschen nach ihren gemeinnützigen Fähigkeiten und Taten, ihrer Freigiebigkeit und Hilfsbereitschaft beurteilt würden und nicht nach der Höhe ihres Vermögens oder Einflusses. Darauf aufbauend müsste die Bildung dafür sorgen, dass wir unsere angeborene Abgrenzungsneigung überwinden, um zu lernen, dass uns mit Fremden gleich welcher Kultur viel mehr verbindet als trennt.

Auch wenn derzeit nur wenige Kriege zwischen Staaten oder verfeindeten Volksgruppen die Welt erschüttern, kommen wir womöglich zu einer anderen Einschätzung, wenn wir auch die Ausbeutung der **Natur** als *Krieg* begreifen: Die »Feinde« sind hier unsere Mitlebewesen, die Gewalt ist die Zerstörung ihrer Lebensräume, die neue Ordnung ist die Umwandlung der Wildnis in künstliche **Umwelten** und der Besitz, den sich Menschen ungefragt aneignen, sind die Naturgüter. Diese Sichtweise ist hilfreich, um zu erkennen, dass unser modernes **Leben** trotz (momentan) rückläufiger Zahlen von Verbrechensopfern und Kriegstoten zu einem großen Teil auf Gewalt beruht.

Lösungsansätze / *Einschätzung*

Staat:
Überall, wo es möglich ist, sollte der Staat für ein freundliches und friedliebendes Klima sorgen. Das ist jedoch vermutlich nur möglich, wenn Gewinnstreben und Wettbewerb in der Wirtschaft langfristig aufgegeben und durch ein neues Gemeinwohl ersetzt würde.

Eine solche Entwicklung klingt derzeit utopisch, weil sie unserer Erfahrung widerspricht. Doch sogenannte Kipppunkte, bei denen ein Trend abrupt seine Richtung ändert, sind nicht nur im negativen Sinne für Klima und Umwelt anzunehmen, sondern ebenso im Sinne positiver Trendwenden vorstellbar. Es bedarf nur genügend Menschen, die sich für die gewünschte Richtung einsetzen.

Bürger:innen:
Jeglicher Einsatz für Frieden, Menschenrechte und Gemeinwohl zählt! Eine der ersten Anlaufstellen dazu ist die Organisation Deutsche Friedensbewegung / Vereinigte KriegsdienstgegnerInnen. Wem es dabei mehr um die Entstehung einer friedlichen Weltgemeinschaft geht, ist bei der Deutschen Gesellschaft für die Vereinten Nationen gut aufgehoben (→ **Teil 2**).

Von unten könnte ein Wandel kommen.

Umwelt

Selbstgemachte »Menschenräume«

Verwendete Literatur: [10], [31], [32], [59], [77], [91], [96]

Eine der typisch menschlichen Eigenschaften ist der unbändige Drang, neue Lebensräume zu entdecken und die Umwelt nach Belieben zu gestalten. Sicherlich lernten unsere Vorfahren bereits in der Frühzeit, wie gefährlich unser Einfluss auf die **Natur** sein kann und prägten Verhaltensregeln, um solche Auswirkungen zu verhindern. Spätestens mit der Erfindung der Landwirtschaft kam der Stolz und die Begeisterung hinzu, die Welt an die eigenen Bedürfnisse anpassen zu können.

Heute sehen wir, dass damit auch eine dramatisch zunehmende Ausbeutung der Naturschätze, die Zerstörung und Verseuchung von Landschaften, die unwiederbringliche, massenhafte Auslöschung von Arten, absterbende Gewässer und ein möglicherweise nicht mehr umkehrbarer **Klimawandel** verbunden sind. Es ist sehr unwahrscheinlich, dass wir diese Trends allein durch **Hochtechnologie** aufhalten können, denn manch neue Technik bedeutet notgedrungen wiederum einen folgenschweren Eingriff in die empfindlichen Kreisläufe der Natur!

Während sich das Universum in einem Jahrmilliarden währenden Ablauf von *Versuch und Irrtum* zu einem zuverlässig funktionierendem *»Großen Ganzen«* entwickelt hat, beruhen die wenige hundert Jahre alten Wissenschaften (→ **»X«**) trotz ihrer Erfolge zwangsläufig auf extrem vereinfachten Modellen der Welt. Darüber hinaus sind wir alle fehlbar … natürlich auch Gelehrte.

Gegenwärtig sieht es allerdings nicht so aus, als ob dieses Wissen bei den politischen Entscheidungsträger:innen zu Vorsicht, Bescheidenheit und Demut führen würde, denn ungeachtet der drohenden, menschengemachten Gefahren für unsere **Zukunft** setzen sie nach wie vor genau auf *die* gesellschaftlichen Muster, die diese Gefahren verursacht haben.

Aufgrund dessen werden die bestehenden Klima- und Naturschutzabkommen entweder nicht ausreichend umgesetzt oder sind blanke Theorie, da sie die enorm schnellen, anpassungsfähigen und wirkmächtigen Veränderungen der »Wachstumsgesellschaft« nicht berücksichtigen. Solange die Anreize für Wettbewerb und Konsum weiterhin viel größer sind als für umweltfreundliches Verhalten, wird sich das sicherlich nicht grundsätzlich ändern.

Die geschilderte **Entwicklung** hat uns immer mehr vom natürlichen Zusammenspiel der Elemente entfremdet. Hinzu kommt, dass unsere eigene, künstliche **Ordnung** uns enorm viel Zeit und Aufwand abverlangt. Während die Natur mit Klima, Luft, Wasser, Böden und unzähligen **Pflanzen und Tieren** nach wie vor unsere Lebensgrundlage bildet (Nahrungsmittelsicherheit, trinkbares Wasser, Gesundheit, Wohlbefinden), werden unsere direkten Umwelten heute vor allem durch **Wirtschaft**, **Arbeit** und das tägliche **Leben** geprägt. Dabei handelt es sich vor allem um Innenräume aller Art, um künstlich gestaltete Räume für Verkehr und Freizeit sowie zunehmend um die virtuellen Räume des Internets.

Alle diese Räume haben ihre eigenen Regeln, Bedingungen und Gefahren. Bekannte Nebenwirkungen sind:

Zu wenig Bewegung, ungesunde Ernährung, ein unnatürlicher Schlaf-/Wach-Rhythmus, ein Leben nach Terminen, viel zu viele (auch versteckte) Stressauslöser und eine nie endende Flut an **Informationen**, die zum großen Teil nichts mit unserem Leben zu tun haben. Diese Ordnung ist daher in vielfacher Hinsicht unvollkommen und störanfällig; sie ist nicht *artgerecht* für unsere menschlichen Bedürfnisse und ein Experiment mit ungewissem Ausgang.

Wenn wir über die Umwelt und ihren Schutz reden, sollten wir daran denken, dass damit nicht nur die Natur gemeint ist, sondern *alle* Räume, die wir nutzen. Mit unseren alltäglichen Gewohnheiten erschaffen wir unsere direkten Umwelten und haben damit einen großen Einfluss auf unser eigenes Wohlergehen und unsere Gesundheit sowie das unserer Mitmenschen. In diesem Sinne ist Umweltschutz auch immer Selbstschutz und Fürsorge für die **Sicherheit** in unserem direkten Umfeld. Alles hängt zusammen!

Bei vielen Menschen besteht hinsichtlich der Umwelt ein großes Ungleichgewicht zwischen Wollen und Tun. In Verbindung mit der marktwirtschaftlichen Logik von Wettbewerb und Wachstumszwang, die uns nötigt, vorwiegend kurzfristig zu denken und langfristige Wirkungen auszublenden, ist dies verhängnisvoll.

Während die meisten Menschen nur einen indirekten Einfluss auf die großen Menschheitsprobleme haben, beeinflussen wir unsere direkte Umwelt nicht nur durch die Folgen unseres Alltagsverhaltens, sondern können sie direkt, gezielt und bewusst verbessern. Menschen, die eine innige Beziehung zum »*Großen Ganzen*« aufgebaut haben (→ **Yin und Yang**), entwickeln in diesem Zusammenhang häufig ein Gefühl der **Verantwortung** für die Welt.

Lösungsansätze / *Einschätzung*

Staat:
Vom Klimawandel, den Folgen der Atomkraft und der Freiland-Gentechnik einmal abgesehen, bietet unsere Umwelt tausende Möglichkeiten, die Folgen früherer Fehler wieder rückgängig zu machen und die Situation der Bevölkerung dadurch spürbar und nachhaltig zu verbessern. Saubere Badeseen, reine Atemluft, ungiftige Baustoffe, naturnahe Lebensräume und vieles mehr sind dankbare Projekte für die Politik.

Der direkte Bezug zum Menschen hat seit den 1970ern bereits etliche Umweltverbesserungen gebracht. Wenn wir alle achtsam bleiben, die Gefahren erkennen und die Demokratie bewahren, sollte sich dieser Trend so fortsetzen lassen.

Bürger:innen:
Wir können giftige Stoffe und übermäßigen Verpackungsmüll in unseren Verbrauchsgütern sowie Schadstoffausstöße und Energieverschwendung durch den Kauf sparsamer Geräte und den Verzicht auf unnötige Autofahrten und Flugreisen verringern. An erster Stelle steht jedoch eine entsprechende **Bildung**, die uns hilft, die weitreichenden Zusammenhänge unseres Handelns zu erkennen. In dieser Richtung wirkt auch die Umweltpsychologie, die in **Teil 2** mit der Initiative Psychologie im Umweltschutz vertreten ist.

Der Widerstand gegen Windparks oder eine höhere Besteuerung von Kraftstoffen sowie die steigenden Verkaufszahlen bei Billigfleisch, Fernreisen und SUV´s zeigen, dass hier noch sehr viel Überzeugungsarbeit geleistet werden muss. Wie sagt ein Sprichwort der Pueblo-Indianer treffend: »Du kannst den Regenbogen nicht haben, wenn es nicht irgendwo regnet.«

Verantwortung
Nichts anderes als Liebe

Verwendete Literatur: [20], [28], [57], [76], [92], [93]

Es kann ein sehr unangenehmes Gefühl sein, für die Folgen einer *willentlichen* Tat Rede und Antwort stehen zu müssen und vermutlich kennt das jede:r von uns. Und der Wille wiederum verweist auf die Freiheit, die zwangsläufig und wechselseitig mit der Verantwortung verbunden ist.

Unsere Vorstellungen von Freiheit und Verantwortung entwickeln sich in Kindheit und **Jugend** zusammen mit den von Familie und Gesellschaft vermittelten Wertesystemen. Das Verantwortungsgefühl trägt dazu bei, dass unsere Handlungen uns nicht überfordern und keine Schäden verursachen. Die zugrundeliegenden Werte können jedoch ganz unterschiedlicher Natur sein: Entweder ist es der hohe Stellenwert von Eigentum, die Angst vor Strafe und die Vermeidung von Schuldgefühlen, ein großes Pflichtgefühl – oder aber umfassende, bedingungslose Liebe, die alles und jede:n einschließt.

Letzteres ist wohl die höchste Reife, die ein **Mensch** erreichen kann, denn Liebe *ist* größte Verantwortung *und* größte Freiheit in einem: Die tiefgreifende Empfindung, dass alles untrennbar zusammenhängt und nur gemeinsam gedeihen kann, enthält die Freiheit zu bestmöglicher **Entwicklung** (→ **Gemeinschaft, Yin und Yang**) – und gleichzeitig eine voll bewusste Verantwortung für die möglichen nachteiligen Folgen unseres Handelns.

In ihren Grundzügen ist eine *liebende Haltung* bei sehr vielen Menschen vorhanden, sie wird jedoch durch etliche erlernte Verhaltensweisen, Wertvorstellungen und Gewohnheiten überdeckt und abgeschwächt. Dies beginnt häufig bereits bei der Liebe zu sich selbst, denn die Liebe zu allem schließt natürlich auch den eigenen Körper und Geist mit ein! So ist es auf Dauer schädlich und abträglich, sich tatkräftig für das Wohl Anderer einzusetzen, ohne sich selbst die nötige Ruhe und Entspannung zu gönnen.

Besonders bedenklich für die Entfaltung *wahrer* Nächstenliebe (→ **Christentum & Co.**) ist die in der westlichen Kultur weit verbreitete Vorstellung einer Freiheit, die als Recht verstanden wird, tun und lassen zu können, wozu man gerade Lust verspürt. Verantwortung spielt dabei nur die Rolle einer lästigen Pflicht, die man – wenn möglich – vermeiden möchte. Das hohe Gut der *freien Entscheidung* wird damit zur reinen *Bedürfnisbefriedigung* herabgewürdigt und öffnet der Maßlosigkeit in allen Lebensbereichen Tür und Tor.

Statt wirklich frei zu handeln, stecken wir überdies in allen möglichen Zwängen: Die Werbung weckt neue Bedürfnisse, das moderne **Leben** und eine teilweise unzureichende **Bildung** schüren unterschwellig ungute Gefühle, die unser Handeln bestimmen, und die Flut beliebiger **Informationen** erschwert das Verständnis der großen Zusammenhänge.

Außerdem wird Verantwortung – im Sinne eines gewissenhaften, vorsichtigen und vorausschauenden Handelns – häufig mit der Vorstellung von *Schuld* verbunden, die natürlich niemand gern übernehmen möchte. Dies kann zur Verdrängung verantwortlicher Gedanken führen, um solche Schuldgefühle zu vermeiden.

Ein gestörtes Verhältnis von Freiheit und Verantwortung ist eine wesentliche Ursache etlicher Menschheitsprobleme. Es hat dazu geführt, dass einige Menschen ohne Gewissensbisse bereit sind, andere zu übervorteilen und dass wir praktisch alle mehr oder weniger dazu beitragen, die in Jahrmillionen entstandenen Schätze der **Umwelt** in einem Herzschlag der Erdgeschichte zu verbrauchen.

Was uns zufriedenstellt und worauf sich unser Verantwortungsgefühl vorrangig bezieht, hängt vor allem von unserer Lebenseinstellung ab. Der Philosoph Erich Fromm hat dahingehend zwei grundsätzliche Ausrichtungen unterschieden, die er als »Haben oder Sein« bezeichnete.

Der »Haben-Typ« strebt nach Besitz und achtet besonders auf seine Wirkung gegenüber Anderen (Ansehen, Stil, Macht *haben*). Es ist offensichtlich, dass Verantwortung dabei leicht als hinderlich empfunden werden kann.

Der »Sein-Typ« hingegen zieht seine Zufriedenheit vor allem aus der Entwicklung seiner Fähigkeiten und seiner Persönlichkeit. Zum einen braucht er sich zwangsläufig weniger Gedanken um die Folgen seines Verbrauchs machen, weil er mit viel weniger Dingen auskommt. Zum anderen ist es für den »Sein-Typ« naheliegend, ein verantwortungsvolles Leben als sinnvolle Aufgabe und Herausforderung zu betrachten, an der man wachsen kann.

Wir können jederzeit selbst bestimmen, was für uns wertvoller ist: Eine Vielzahl teurer Luxusartikel, die unserer Bequemlichkeit entgegenkommen, die die Nachbarn beeindrucken und auf die wir ständig aufpassen müssen; oder ein Leben als Partner:in, Freund:in, Wissende:r, Künstler:in, Handwerker:in oder »Weltretter:in«.

Lösungsansätze / *Einschätzung*

Staat:
Eine ausgiebige Auseinandersetzung mit den Begriffen Freiheit und Verantwortung sollte in jedem Schuljahr Teil des Lehrplanes sein.

Diese Maßnahme ließe sich leicht umsetzen

Bürger:innen:
Ein Wandel vom Haben zum Sein (im Sinne von Erich Fromm) würde uns unabhängiger von Besitztümern machen (und damit auch etliche Verlustängste nehmen) sowie zu aktiveren Menschen machen. Ein erster Schritt dazu ist sicherlich das Innehalten: Wer kritisch über sein momentanes Handeln und dessen mögliche Folgen nachdenkt, wird ein bewussterer Mensch.

Besonders wichtig ist es, solche Fragen auch immer wieder in der Gegenwart von Kindern zu stellen und darüber zu diskutieren!

Menschen sind am ehesten bereit, Verantwortung zu übernehmen, wenn sie die positiven Auswirkungen verantwortlichen Handelns erkennen. Die Nachrichtenplattform FÜR EINE BESSERE WELT liefert dazu viele Beispiele (→ **Teil 2**).

Es liegt an jeder und jedem von uns!

WIRTSCHAFT
Motor der Unersättlichkeit

Verwendete Literatur: [13], [24], [33], [50], [55], [56], [97]

Obgleich die meisten Menschen wissen, dass wirtschaftliche Interessen bei der Zerstörung von **Natur**, der Ausrottung von **Pflanzen und Tieren**, dem **Klimawandel**, der Flüchtlingskrise sowie bei **Terror und Krieg** fast immer eine entscheidende Rolle spielen – wird die Aussage, dass allein Wirtschaftswachstum **Arbeit** und Wohlstand für unser **Leben** bringt, nur selten angezweifelt. Kaum jemand geht diesem Widerspruch nach, der täglich gebetsmühlenartig aus allen Lautsprechern tönt … weil der bedingungslose Glaube an die Marktwirtschaft eine Art »kapitalistische **Religion**« ist, die uns von Geburt an gepredigt wird. Wäre das nicht so, müssten die dramatischen Nebenwirkungen der Wirtschaft noch viel mehr Menschen auf die Barrikaden rufen. Weil diese Glaubenssätze so tief sitzen, fällt dieses Kapitel doppelt so lang aus wie alle anderen. Doch keine Angst: Auch das Wirtschaften ist durchschaubar…

»Wenn du es schaffst, Millionen von Menschen Dinge zu verkaufen, die sie vorher nicht einmal kannten und die Kosten so gering wie möglich zu halten, kannst du unschlagbare Preise machen, bei denen kein:e Wettbewerber:in mithalten kann. Danach suchst du dir eine Steueroase, um möglichst viel vom Gewinn für dich zu behalten. Damit kannst du dann vielleicht noch schwächere Mitbewerber:innen aufkaufen, um noch mehr zu verdienen und am Ende durch bloßes Geldverschieben an den Finanzmärkten dein Vermögen wiederum zu vervielfachen. Gratulation! Jetzt gehörst du zu den Gewinner:innen des weltweiten Spiels, das Wirtschaft genannt wird.

Die Bedingungen dazu sind ausgesprochen günstig, denn viele Naturgüter kosten praktisch nichts und wenn du bei deren Förderung Schäden anrichtest, zahlt das meistens die Allgemeinheit. Wenn du clever bist, machst du dich in der Bevölkerung beliebt und umschmeichelst die Politiker:innen, um Wettbewerbsvorteile möglichst lange in Anspruch nehmen zu können.

Es wird zwar viele geben, die dir deinen Erfolg neiden, aber das macht nichts, denn in der freien Marktwirtschaft werden Unternehmen in erster Linie am Gewinn gemessen. Mehr noch: Ohne immer höheren Gewinn kann kein Unternehmen auf Dauer überleben. So gesehen brauchst du dir also keinen Kopf über eventuelle Umweltzerstörungen und die Ausbeutung von Arbeiter:innen in den Rohstoffländern, immer höhere Leistungsziele für deine Mitarbeitenden oder mindere Qualität deiner Produkte machen, denn du hast gar keine andere Wahl in diesem Spiel.«

Diese drastische »Anleitung zum Wirtschaften im 21. Jahrhundert« ist natürlich nicht ganz ernst gemeint, doch sie macht die wesentlichen Kennzeichen deutlich.

Der Wirtschaft – die ursprünglich nur dazu diente, alle Mitglieder eines Gemeinwesens ausreichend mit Gütern, Dienstleistungen, Geld und Arbeit zu versorgen – hat sich tatsächlich auch in ein Spiel verwandelt, bei dem es vor allem ums Gewinnen geht. Doch wo es Gewinner gibt, gibt es ebenfalls Verlierer! Teile der Wirtschaft haben den Bezug zu den grundlegenden Voraussetzungen des Lebens und zu den wahren menschlichen Werten schlichtweg verloren – frei nach dem Motto: *»Wenn wir nicht daran verdienen, wird es jemand anderes tun«.*

Wettbewerb, Wachstum, Gewinnstreben und Privateigentum sind die Pfeiler der Weltwirtschaft. Die Produktqualität hingegen, der Schutz der Natur, die **Verantwortung** für die Produktionsweisen, gerechte Entlohnung oder eine umfassende **Information** der Verbraucher:innen sind in diesem Spiel eher Störfaktoren: Sie kosten Geld oder verringern das Kaufinteresse der Kunden. Wenn die Politik Einschränkungen der Wirtschaft durchsetzen möchte, reagieren die Entscheidungsträger:innen darauf regelmäßig mit lauten Gegenargumenten und Drohungen (Wettbewerbsnachteile, Arbeitsplätze, Absatzeinbußen uvm.) oder setzen sich sogar mutwillig darüber hinweg (etwa bei der Dieselaffäre der Autoindustrie).

Es ist offensichtlich, dass Einsicht in die Notwendigkeit solcher Maßnahmen nur widerstrebend erfolgt. Bedenkt man zudem, dass die ganz großen internationalen Konzerne finanzkräftiger und damit mächtiger als einige Entwicklungsländer sind und das politische Geschehen auch in **Demokratien** hochgradig mitbestimmen, sollte das alles nicht verwundern. So können etwa Selbstverpflichtungen der Wirtschaft in Sachen Umwelt und Arbeit nur dann funktionieren, wenn alle Unternehmen mitmachen und die Kosten nicht allzu hoch werden. Sobald eine Firma dadurch ihren Erfolg oder gar ihre Existenz gefährdet sieht, wird die Freiwilligkeit ein Ende haben.

Die **Entwicklung** in der Corona-Krise hat eindrücklich bewiesen, wie fehlerhaft die geltenden Spielregeln der Wirtschaft sind: Der staatlich verordnete Stillstand führte in einigen Branchen zu Arbeitslosigkeit, Insolvenzen und einer weltweiten Wirtschaftskrise. Trotzdem wurde nur mit den üblichen Finanzinstrumenten gegengesteuert – deren negative Folgen wiederum unabsehbar sind –

statt die Bedingungen der Marktwirtschaft und den *Sinn* von Wettbewerb und Wachstum einmal grundsätzlich in Frage zu stellen!

Ist es auf Dauer tragbar – beziehungsweise überhaupt notwendig –, dass die große Masse der Bevölkerung das volle Risiko von Arbeitslosigkeit und Armut trägt, während eine winzige Minderheit von Menschen das Zigtausendfache verdient und Gelder sowie Eigentum anhäuft, die dem Gemeinwohl mehr oder weniger entzogen werden?

Ist es wirklich unvermeidlich, die Versorgung der Menschen ausgerechnet von solchen Grundlagen abhängig zu machen, die Neid, Habgier, Geiz, Misstrauen, Unehrlichkeit, Eigennutz, Entfremdung von den Lebensgrundlagen und Verantwortungslosigkeit sowie nicht zuletzt auch Streitlust und Gewaltbereitschaft fördern – statt Wohlwollen, Zufriedenheit, Freigiebigkeit, Vertrauen, Ehrlichkeit, Achtung und Verantwortungsgefühl?

Mit genügend Abstand betrachtet ist es schier unfassbar: Ein weltweit vernetztes, ungerechtes und undemokratisches *Spiel* um Geld und Macht, bei dem nur ein winziger Bruchteil der Menschheit in der ersten Reihe mitspielen darf (98 % der Geldmenge befinden sich im Besitz von nur 5 % der Weltbevölkerung), bestimmt »ganz im Ernst« unser *wirkliches* Schicksal.

Besonders unheilvoll ist unser Wirtschaftssystem zudem, weil es so kompliziert ist und Tür und Tor für ungerechte Bereicherung, Schwindel und Betrug öffnet. Noch komplizierter und – ganz bewusst – nur noch für Eingeweihte verständlich sind die Finanzmärkte, bei denen heute gewaltige Geldmengen neu *entstehen,* für die es keinerlei Gegenwert in Produkten gibt: Girogeld, dass einigen wenigen »Spieler:innen« immer mehr Einkünfte und Macht verschafft – quasi aus dem Nichts.

Doch wie alles auf der Erde ist auch die Wirtschaft letzten Endes ein Teil der Welt und unterliegt damit der grundlegenden **Ordnung** des Universums, deren Gesetzmäßigkeiten niemand entkommen kann: Grenzenloses Wachstum, die Verschwendung von Energie und die einseitige Ausbeutung der Natur sind dabei völlig unangepasste Muster. Allein der Energieaufwand eines durchschnittlichen Menschen ist etwa 12 bis 20-fach höher als der anderer Lebewesen …

Je mehr die Wirtschaft boomt – das heißt, je mehr wir konsumieren und je besser es uns (angeblich) geht –, desto mehr erschöpfen und zerstören wir die Welt. Dabei verändern wir unter anderem genau *die* Leistungen der Natur, auf die wir uns bisher verlassen konnten: Gleichbleibende Klimabedingungen für den Anbau unserer Nahrungspflanzen, sauberes Trinkwasser, gesunde Lebensmittel und vieles mehr. Und da die Auswirkungen mittlerweile den gesamten Erdball betreffen und die Belastungsgrenzen vielfach schon überschritten sind, verringern sich unsere Ausweichmöglichkeiten zusehends. Solange auf ein neu entwickeltes umweltfreundlicheres **Hochtechnologie**-Produkt zehn neue umweltschädliche Billigwaren kommen, solange Geräte mit halbiertem Verbrauch dreimal so häufig verkauft werden wie ihre Vorgänger und solange immer neue Produkte benötigt werden, um als Firma zu überleben, wird sich daran nichts ändern. Technische Lösungen werden die weitere Zubetonierung der Landschaft nicht verhindern und ebenso wird zweifellos jedes noch so strikte Naturschutzgebiet dieser Welt, in dem Rohstoffe lagern, irgendwann trotz Schutzstatus ausgebeutet werden.

Wir können diese unheilvolle Form des **Fortschritts** nur überwinden, wenn wir bereit sind, auch die Fundamente unser Gesellschaftsordnung in Frage zu stellen und möglicherweise radikal zu verändern. Dazu müssen wir uns immer wieder bewusst machen, dass es keinen wissenschaftlichen Beweis für die Behauptung gibt, dass unsere Wirtschaft nur mit Wettbewerb, Wachstum, Gewinnstreben und Privateigentum funktionieren kann!

Selbstverständlich müssen wir wirtschaften, doch die Regeln dafür müssen einfach und nachhaltig sein und die Versorgung *aller* Menschen muss wieder das oberste Ziel werden!

In der Frühzeit beruhte das Wirtschaften über Jahrtausende auf Freigiebigkeit, gegenseitiger Achtung, Verbundenheit und Fürsorge für Mitmensch und **Umwelt**, sowie auf der **Qualität** der Erzeugnisse. Was spricht dagegen, diese »Erfolgsrezepte« aufzugreifen und in moderne Formen zu überführen? Vielversprechende Modelle wie etwa die Gemeinwohl-Ökonomie (→ **Teil 2**), zusätzliche Regionalwährungen mit etlichen sozialen und ökologischen Vorteilen oder das bedingungslose Grundeinkommen gibt es bereits.

Es wird höchste Zeit, das ungerechte und riskante »große Gewinnspiel« zu beenden, bevor wir alle zu Verlierern werden!

Lösungsansätze / *Einschätzung*

Staat:
Die Welt braucht dringend einen Neustart der Wirtschaft! Auf Ebene der Vereinten Nationen müsste dazu eine internationale Weltordnung erarbeitet werden, die auf positiven, menschlichen Werten und Nachhaltigkeit beruht und ohne zwingendes Wirtschaftswachstum und steigenden Verbrauch auskäme. Gleichzeitig müssten die Umweltfolgekosten der Produkte, die bisher über Steuergelder allen Bürger:innen angelastet werden, in die Produktpreise eingerechnet werden. Dann würden umweltschädliche Produkte zwangsläufig teurer und nachhaltige billiger.

Leider ist der wirtschaftliche Erfolg derzeit noch so süß und die bitteren Folgen so schleichend und fern, dass solche neuen Wege noch »schmale Pfade zwischen Autobahnen« sind. Die Bewältigung der Corona-Pandemie hat allerdings gezeigt, dass viele Staatenlenker:innen durchaus in der Lage sind, direkten Einfluss auf die Wirtschaft zu nehmen – auch gegen Widerstände. Überdies hat die Politik die Empfehlungen der Wissenschaft ernst genommen; auch das war neu und macht Hoffnung. Nun muss sich zeigen, ob sich dieser Trend fortsetzt und es nicht erst zu einer noch größeren Krise kommen muss. Entscheidend wird sein, dass die verändernden Kräfte in der Gesellschaft zusammenwachsen und ihren Einfluss damit drastisch erhöhen. Wegbereiter sind etwa das Deutsche Netzwerk Wirtschaftsethik, ethecon, INWO und das Netzwerk Wachstumswende (→ Teil 2).

Bürger:innen:
Wir haben als Kund:innen *theoretisch* große Macht über die Wirtschaft. Wenn niemand ein Produkt kaufen würde …

Da sehr viele Menschen ihre Kaufentscheidungen vorrangig aufgrund des Preises und verlockender Werbebotschaften treffen, fördert die Macht der Verbraucher:innen genau die Billigmacher, die unsere weltweit größten Probleme verursachen: Produkte aus Ländern, die auf Umwelt-, Naturschutz und gesunde Arbeitsbedingungen keinen Wert legen, Übernutzung, Raubbau, Verschwendung und geringe Qualität. Eine »saubere« Bank ist in dieser Hinsicht die GLS-Gemeinschaftsbank (→ Teil 2).

»X« (Wissenschaft)
Das große Unbekannte

Verwendete Literatur: [17], [18], [31], [58], [65], [66], [91], [95]

Das »X« steht für das Unbekannte, dem Forscher:innen unablässig auf der Spur sind, um es zu enträtseln und daraus gesetzmäßige **Ordnung**sprinzipien abzuleiten. Darin unterscheiden sich Wissenschaft und **Religion**: Statt das Einzelne freizustellen, zu sammeln und zu untersuchen, um mit Hilfe der Ergebnisse dann gewissermaßen »von unten« auf ein größeres Ganzes zu schließen, ziehen die Anhänger:innen der verschiedenen Religionen für alle Geheimnisse der Welt die »ewig göttlichen Gesetze« heran, um die Welt »von oben« zu begründen und zu begreifen.

Viele Menschen werden sagen, dass man auf die religiöse Weise alles oder nichts erklären kann, aber keine umsetzbaren Lösungen für die Probleme der Menschenwelt findet. Doch das wissenschaftliche Weltbild ist trotz seiner enormen Fülle an **Informationen** nur eine Sammlung mehr oder weniger guter Modelle. Diese können zwar häufig bestimmten Teilbereiche der Welt nachvollziehbar beschreiben; doch wenn sie mit Modellen anderer Fachrichtungen verglichen werden, scheitern die Wissenschaftler:innen oftmals an der unüberschaubaren Vielzahl von Wechselwirkungen. Allein aufgrund der Datenmenge ist es unmöglich, diese alle zu untersuchen.

Ein praxisnahes Beispiel für die Nachteile der verallgemeinernden wissenschaftlichen Methoden ist die Schulmedizin: Es ist nicht zu bestreiten, dass Blutdrucksenker den Blutdruck senken und dass schwere Krankheiten auch »schwere Geschütze« erfordern. Doch ebenso ist es eine Tatsache, dass jeder Mensch ein wenig anders auf eine Behandlung anspricht und der Verlauf einer Krankheit ebenfalls stark von den persönlichen Verhaltensweisen, Stimmungen und Gedanken der Patienten abhängt. Bei schwerwiegenden Erkrankungen werden demnach *die* Mediziner:innen den größten Erfolg haben, die diese Dinge berücksichtigen: Wie ernährt sich die Patientin – fleischlastig oder vegan, vorwiegend von frischen Produkten oder von Fertiggerichten? Trinkt sie genug? Wie atmet sie? Gibt es eine Sportart, die die Heilung unterstützt? Ist der Patient eher ein träger oder nervöser Typ? Wird er meine Empfehlungen verstehen und umsetzen können? Wirkt er offen, verständnisvoll und verträglich, oder eher schlicht, gleichgültig und ablehnend? …

Wissenschaftliche Erkenntnisse und Theorien sind zumeist kompliziert und für den Laien nur schwer nachprüfbar. Außerdem wird Wissenschaft derzeit immer mehr zum Erfüllungsgehilfen für

Hochtechnologie und **Wirtschaft**. Forschung »um der Erkenntnis willen« wird demgegenüber immer mehr vernachlässigt, weil die meisten Gelder zweckgebunden sind.

Wie dem auch sei, es wäre weitsichtig, wenn eine ganzheitliche **Bildung** auf den Erkenntnissen der Wissenschaften *und* den Weisheiten der Religionen beruhen würde und uns ermutigt, eigene Schlussfolgerungen zu ziehen, sowie auch die Möglichkeit spontaner Eingebungen (→ **Yin und Yang**) grundsätzlich einbezöge.

Es gilt, den goldenen Mittelweg zu finden: Die Theorien der Wissenschaft dürfen nicht zu einem Glauben werden, dem man blind vertraut – und religiöse Erfahrungen nicht zu unumstößlichen Wahrheiten. Dann werden beide zu Irrwegen, die zu Verblendung, Streit und Hass führen können!

Einige Zweifler:innen werden vermutlich anmerken, dass die Erfolge von Wissenschaft und Technik ganz ohne Religion erreicht wurden: Die hoch leistungsfähige Gerätemedizin, sinkende Kindersterblichkeit und steigende Lebenserwartung sind zwar das Ergebnis nüchterner Wissenschaft, doch der Antrieb zu ihrer Entwicklung ist untrennbar auch mit christlichen Werten und Vorstellungen verbunden. Gleichsam hängen auch alle weltumspannenden Probleme eng mit dem **Fortschritt** zusammen, der die Rolle einer Art »Ersatzreligion« einnimmt, die durch verschiedene Rituale gekennzeichnet ist und einen starken Glauben voraussetzt.

Natürlich brauchen wir für die Lösung dieser Probleme auch weiterhin Forschung, Medizin und Ingenieurswesen. Genauso wichtig sind jedoch das rechte Augenmaß, die Erwägung unvorhersehbarer **Entwicklungen** und moralische Wertvorstellungen wie die Achtung vor allem Leben (→ **Natur**, **Pflanzen und Tiere**) und die Ehrfurcht vor dem letztendlich unerklärbaren Dasein. Auch dies ist alles eng mit unserem persönlichen Glauben verknüpft! Wer demnach einen »höheren Sinn« im **Leben** sieht oder in der Lage ist, unser *Einssein* mit der Welt zu erspüren; wer an die menschliche **Verantwortung** glaubt; wer sich an die Gebote des **Christentums** oder anderer Morallehren gebunden fühlt; und wer das »**Mensch** sein« mit dem Streben nach Vervollkommnung gleichsetzt, die oder der wird zweifellos reifere Entscheidungen treffen können als Menschen, die allein den Nutzen einer Sache und wissenschaftliche Erkenntnisse »ohne Herz« im Blick haben!

112

Lösungsansätze / *Einschätzung*

Staat:
Um den Fortschritt menschlich und zukunftsfähig zu gestalten, müsste der Staat die Grundlagenforschung, übergreifende Fachgebiete für ganzheitlichere Betrachtungen und den aktiven Austausch zwischen Wissenschaft und Religionen fördern. Darüber hinaus sollte der Staat auch als »Hüter der Wahrheit« wirken und nicht nur Hass und Hetze, sondern auch Fake-News bekämpfen und verhindern. Diese Dinge gehören bereits in die Schulen.

Die drei größten Hürden dabei sind die Unfähigkeit der drei Weltreligionen Christentum, Judentum und Islam zum Abgleich ihrer Lehren mit den Wissenschaften; die Abhängigkeit der Wissenschaft von der Wirtschaft als Geldgeber; und die Unkontrollierbarkeit des Internets.

Bürger:innen:
Jeder Mensch ist gut beraten, trotz der weitreichenden Erfolge der Wissenschaften immer wachsam zu bleiben und zu prüfen, ob es sich bei neuen Informationen um eine Hypothese (vermuteter, noch unbewiesener Zusammenhang) oder eine Theorie (mehrfach bestätigtes Modell der Wirklichkeit) handelt und wie groß die Zahl der Fürsprecher:innen und Gegner:innen ist (beim **Klimawandel** bestätigen etwa 97% aller Studien die Theorie und die Wirksamkeit von Impfungen wurde zu 100% bestätigt.)

Dies setzt Menschen voraus, die ein großes Interesse an der Welt und ihrer Entwicklung haben. In Zeiten von Fridays for future (→ Teil 2) und vielen anderen großen Bürgerbewegungen scheint die Zahl solcher Menschen derzeit deutlich zu wachsen. Die Arbeit der Wissenschaftler:innen, die für Klima und Umwelt forschen, ist unverzichtbar. Ein Musterbeispiel ist hier das Wuppertal Institut. Eine empfehlenswerte Adresse, die Wissenschaft und Gesellschaft im Hinblick auf die großen Herausforderungen für die Menschheit zusammenbringt, ist der Wissenschaftsladen Bonn. Für einen Wandel von der mechanistischen zur ganzheitlichen Wissenschaft setzt sich das Holistische Institut aus Österreich ein (jeweils → Teil 2).

Yᴉɴ ᴜɴᴅ Yᴀɴɢ

Verlorene Ganzheit

Verwendete Literatur: [11], [15], [29], [38], [74]

Wer kennt es nicht, das kreisförmige chinesische Symbol mit den beiden schwarz-weißen Hälften, das als Sinnbild für die **Ordnung** der Welt steht: *Sowohl* Licht *als auch* Schatten, *sowohl* gut *als auch* böse. Untrennbar drehen sich die beiden Gegenspieler umeinander. Sind beide Seiten auch noch so verschieden, letzten Endes kann das eine ohne das andere nicht sein. Das Yin-Yang-Symbol spricht vor allem *spirituelle* **Menschen** an. Sie werden jedoch häufig nicht ernst genommen. Welch unbedachtes Vorurteil! Denn es handelt sich dabei um eine Fähigkeit, mit der wir alle geboren werden: Es ist sozusagen unser »Weltgespür« – das sich jedoch kaum noch entfalten darf.

Jede:r von uns hat sicherlich schon einmal eine Empfindung gehabt, die man Ergriffenheit nennt: Es überkam uns vielleicht bei einem bestimmten Musikstück, beim Blick in einen Sonnenuntergang oder bei höchster Konzentration auf eine Sache. In solchen Momenten erkennen wir in einem Augenblick das *»Große Ganze«*.

Ergriffenheit ist der Schlüssel zum Weltgespür. Das muss nichts mit **Religion** zu tun haben, denn es geht dabei nicht um einen *Glauben,* sondern um die *Gewissheit,* wie die Dinge sind. Es ist eine Art unmittelbares Empfinden der **Gemeinschaft** aller Wesen und der eigenen Verbundenheit mit allem. Es geschieht völlig unerwartet und geht über unser bewusstes Denken weit hinaus. Deshalb spricht man auch von einer *übersinnlichen* Erfahrung – oder Intuition. Da sie weder beliebig wiederholbar noch mess- oder berechenbar ist, wird sie von der Wissenschaft (→ »X«) zumeist nicht anerkannt. Dennoch gibt es eine große Zahl von Wissenschaftler:innen, die von unerklärlichen »Eingebungen« berichten, wenn sie den Moment ihrer bahnbrechenden Ideen beschreiben sollen.

Die Eingebung ist sozusagen das »Tor zum Weltgespür«, an dessen Pforte man bereits weitreichende Zusammenhänge sehen kann. Und es braucht nicht einmal einen genialen Verstand, um das Tor ganz zu durchschreiten. Wir alle haben dieses Weltgespür! Es hat jedoch im modernen **Leben** wenig Platz und ist daher bei den meisten Menschen verkümmert. Lässt sich das noch näher beschreiben?

Stellen wir uns eine beliebige Körperzelle vor, die mit einem Mal »wüsste«, dass sie Teil eines bewussten Wesens ist und in diesem Moment alle anderen Teile und ihre vielschichtigen Zusammenhänge einschließlich ihrer *Fähigkeiten* erkennen würde ... die mehr sind als die bloße Summe aller Zellen. Nichts ist überwältigender! Es ist das Vermögen, abseits von selbst errichteten Gedankengebäuden und endlosen Wortketten *unmittelbar* unsere unlösbare Verbindung mit der Welt, ihre Schönheit und Vollkommenheit und das letztendlich unerklärbare Wunder des Daseins zu *erspüren*. Wie bei einem Geschmackserlebnis ist es unmöglich, es mit Worten zu vermitteln.

Sicher ist jedenfalls, dass die meisten spirituellen Menschen nicht nur mehr Selbstvertrauen und Gelassenheit durch ihr Weltgespür gewinnen, sondern auch ein untrügliches und allgegenwärtiges Gefühl für Freud und Leid anderer Wesen und für die großen Zusammenhänge! Und das hat tiefgreifende Auswirkungen auf das Denken und Handeln dieser Menschen.

Wer es *nicht* hat, der erhascht nur einen Blick auf die Einzelteile der Welt und muss sich mit einer modellhaften Vorstellung vom *»Großen Ganzen«* begnügen – auch wenn diese kopflastige **Bildung** für unser modernes Leben unbestritten wichtig ist. Das *Weltgespür* hingegen kann uns den Blick auf das *Original* der Welt freigeben. Black Elk, ein Bewahrer der Weisheiten des Oglala-Volkes, hat einmal gesagt: *»Der erste Friede – der wichtigste – ist jener, der in die Seelen der Menschen einzieht, wenn sie ihr Einssein mit dem Weltall und allen seinen Mächten gewahren.«*

Leider gibt es keine Gebrauchsanweisung, wie man zu diesem Einssein gelangt. Es kann nur absichtslos entstehen – ohne Wollen. Am ehesten, wenn wir uns treiben lassen wie ein Ast auf einem Fluss; wenn wir nur wach und achtsam beobachten, was mit uns und unserer **Umwelt** geschieht und es hinnehmen, ohne es gleich zu bewerten oder beeinflussen zu wollen. Mit jeder Bewertung – etwas ist gut oder schlecht, annehmbar oder abzulehnen – wenden wir uns zwangsläufig von der Wirklichkeit ab und passen den ursprünglichen Eindruck (zumeist völlig unbewusst) unserem unvollkommenen Denkmodell an. Insofern ist ein »gebremster« Verstand die erste Voraussetzung für das Weltgespür. Die zweite, ebenso wichtige, ist die »Stimme des Herzens«: Mitgefühl, Nächstenliebe (→ **Christentum & Co.**) und ein Gefühl für *wahre* Freiheit und **Verantwortung** gehören dazu. Doch nur die *bedingungslose* Liebe – die alles und jede:n einschließt – kann uns sämtliche Türen öffnen.

Aber selbst wenn diese beiden Voraussetzungen gegeben sind, kann es Jahrzehnte dauern, bis sich das Weltgespür entfaltet. Dennoch: Nichts lohnt sich mehr!

Lösungsansätze *Einschätzung*

Staat:
Die Bildung sollte das Wunder der Existenz, das ehrfürchtige Staunen vor dem letztendlich Unerklärlichen und die vielen möglichen Wege, es zu erfahren, gleichberechtigt neben das wissenschaftliche Weltbild stellen. Die angeborenen Bedürfnisse, auch »letzte Fragen« stellen zu dürfen (deren Beantwortung heute von der Fachwelt geschickt umgangen wird) und ein (zusätzliches) Weltgespür jenseits von Logik, Verstand und Vernunft zu entwickeln, sind unglaublich wichtig für unsere **Entwicklung** und **Zukunft** – insbesondere für die **Jugend.**

Angesichts der modernen »mess- und zählbaren« Weltanschauung und des unverrückbaren Glaubens an Fortschritt und Hochtechnologie, wird die Spiritualität wohl noch lange Zeit ein »Privatvergnügen« bleiben.

Bürger:innen:
Findet euer Weltgespür! (Doch hütet euch vor selbsternannten Schamanen und Heilsversprechen aller Art, bei denen es vorrangig um Geld oder Einfluss geht.)

Vielleicht hat dieses Kapitel einige Leser:innen neugierig gemacht, dem »Geist des Großen Ganzen« näherzukommen. Wer das Weltgespür gern mit anderen Menschen zusammen finden möchte, jedoch Sorge hat, an eine »falsche Adresse« zu geraten, dem kann ich zumindest drei »Wege« mit gutem Gewissen empfehlen (jeweils → Teil 2):

- *Freimaurer und Freimaurerinnen … wer den Sinn- und Wertfragen des Daseins näherkommen möchte*
- *Deutsche Quigong Gesellschaft e.V. … wer Körper und Geist durch meditative Bewegungsformen kultivieren möchte*
- *Zaltho-Sangha – Gemeinschaft für Frieden und soziale Aussöhnung e.V. … wer buddhistische Achtsamkeit und Zen-Meditation im Dienst des Friedens erlernen möchte.*

ZUKUNFT

Wir werden es erleben

Verwendete Literatur: [7], [19]

Nach der heute verbreiteten, von der Wissenschaft geprägten Daseinsvorstellung ist unser **Leben** ein *einmaliges* Ereignis zwischen Geburt und Tod. Die Annahme »Man lebt nur einmal« steht unausgesprochen hinter dem Bestreben, das Leben so lange wie möglich auszudehnen und zu genießen. Unsere Einbindung in die **Ordnung** des *»Großen Ganzen«* wird dabei in der Normalität des Alltages vermutlich selten wahrgenommen; vergleichbar mit dem blinden Eifer wuchernder Krebszellen, die ihre Aufgaben im Körper vergessen haben und sich nur noch um sich selbst kümmern.

»Nach uns die Sintflut« heißt es manchmal (→ **Christentum & Co.**) – doch dieser Satz setzt ein *Wissen* über unsere Zukunft voraus, das wir gar nicht haben können! Denn auf die Frage »Gibt es ein Leben nach dem Tod?« kann niemand eine allgemein anerkannte Antwort geben. Da bislang kein Weg gefunden wurde, darüber nachprüfbare Forschungen anzustellen, stehen die Vorstellungen aus Wissenschaft (→ **»X«**) und **Religionen** gleichberechtigt (und unversöhnlich) nebeneinander: Sowohl eine Wiedergeburt als auch ein unkörperliches Dasein im Himmel oder aber ein restlosen Erlöschen können weder bewiesen noch widerlegt werden. Ist es dann nicht Unfug, darüber auch nur nachzudenken?

Menschen, die ein feines »Weltgespür« (→ **Yin und Yang**) entwickelt haben, wissen, dass die *echte* Welt »hinter« dem stark vereinfachten Bild in unseren Köpfen in Wirklichkeit ein enorm vernetztes und unteilbares Ganzes ist. Wie bei allen Ganzheiten – zum Beispiel menschlichen Körpern oder Computern – nehmen ihre Fähigkeiten mit dem Grad der Vernetzung zu: So konnte etwa das Internet erst entstehen, als viele Computer miteinander vernetzt wurden.

Bestandteil einer guten **Bildung** ist das sogenannte Systemdenken: Wir wissen heute, dass alle Ganzheiten (= Systeme) den gleichen Regeln unterliegen, sodass wir sie gleichermaßen auf Lebewesen, Maschinen, Organisationen, Staaten und das gesamte Universum anwenden können. Es ist daher folgerichtig und wahrscheinlich, dass die höchste **Entwicklung** im Universums *nicht* etwa das menschliche Bewusstsein ist, sondern etwas anderes, das erst auf der Stufe des *»Großen Ganzen«* auftritt, bei der alles mit allem vernetzt ist (und nicht nur die Zellen *eines* Gehirns).

Bis hierhin würden sicherlich viele Fachleute zustimmen … Die folgenden Überlegungen hingegen sind als Entwurf eines Denkmodells zu verstehen, das einen neuen, durchaus logischen Weg zwischen Wissenschaft und Religion aufzeigt:

Grundlage ist die Idee, dass die Fähigkeit des *geistigen Erlebens* nicht von Gehirnen *erzeugt,* sondern nur *genutzt* wird. Geist ist demnach in erster Linie eine Fähigkeit des hoch vernetzten Gesamtuniversums, in die sich jedes Gehirn nur »einklinkt«. Gehirne sind in diesem Sinne mit Musikinstrumenten vergleichbar, die dazu dienen, bereits bestehende Melodien zum Erklingen zu bringen und ihrerseits zu verändern und zu »entwickeln« – oder mit Computern, die über eine Schnittstelle mit dem Internet verbunden werden: Obwohl jeder PC (beziehungsweise sein:e Anwender:in) das Internet auf ganz persönliche Weise nutzt oder mitgestaltet, ist es als *Fähigkeit aller* Computer dieser Welt nicht auf *ganz bestimmte* PC´s angewiesen. Das heißt, jeder PC ist austauschbar, ohne das Vorhandensein des Internets zu gefährden.

Übertragen wir diese Aussagen nun auf uns Menschen, erscheint es durchaus wahrscheinlich, dass unser Geist auf der einen Seite höchst persönlich und einzigartig ist, auf der anderen jedoch ebenso ein austauschbarer Teil eines übergeordneten »Weltgeistes«, der (mit Hilfe unseres Gehirns) die eigentliche Ursache unseres Welterlebens ist. Dass diese Ursache unabhängig vom Tod einzelner Wesen ist, sollte einleuchten. Daraus wiederum kann man folgern, dass unser Dasein im Hier und Jetzt mit dem Tod *nicht* endet … weil gewissermaßen nur das Instrument ausgetauscht wird, um die »ewige Melodie« anschließend – in einem völlig neuen, vom alten Leben unabhängigen Dasein – weiterzuspielen. Eine *Seelenwanderung* ist bei diesem Gedankengang nicht nötig …

Es ist neben den erlernten Vorstellungen vor allem unsere stark betonte Ich-Bezogenheit, die es uns so schwer macht, diesen logischen Gedankengang (der hier nur angerissen werden kann) als denkbare Möglichkeit nachzuvollziehen.

Es gibt *keine* Millionen von *nicht* verwirklichten Personen, wenn sich zwei Keimzellen begegnen und ein neuer **Mensch** entsteht.

Man könnte auch sagen, wir *müssen* nicht nur sterben, sondern wir *müssen* auch geboren werden. Wenn wir ein Fortleben nach dem Tod für möglich halten, dann sollte uns auch klar werden, dass wir die Zukunft, die wir unseren Kindern hinterlassen, in endlosen neuen Leben möglicherweise »selbst« erleben werden.

Lösungsansätze / *Einschätzung*

Staat:
siehe **Yin und Yang**

Bürger:innen:
Für weitsichtige Menschen, die sich nicht auf einen bestimmten Glauben festgelegt haben, beziehungsweise offen für weitergehende Erkenntnisse sind, könnte die Vorstellung von einem dauerhaften Fortleben in anderen Menschen ein zusätzlicher Anreiz sein, mit unseren Lebensgrundlagen möglichst sorgsam und nachhaltig umzugehen. Wer möchte schon die nächsten Jahrhunderte in einer überhitzten, ausgeplünderten und zerrütteten Welt leben!

Es war einmal ein Traum ... Mehr zu meiner persönlichen »Theorie des beständigen Fortlebens« in meinem Buch »Denkmodelle – Auf der Suche nach der Welt von morgen« und auf meiner Webseite holismus.org.

AUSBLICK
Grund zur Hoffnung ... oder nicht?

Verwendete Literatur: [24], [25], [32], [33], [44], [97], [99]

Viele Menschen, die sich eingehend mit diesem Buch beschäftigt haben, dürfte ein ungutes Gefühl beschleichen, denn unsere Probleme sind so weitreichend und weltumspannend, dass Lösungen im Rahmen der bisherigen Entwicklung völlig unmöglich erscheinen.

Selbst, wenn wir entschlossen auf erneuerbare Energien umstellen; Plastik und Chemie vermeiden und nur noch Bioprodukte kaufen – werden wir die großen Probleme nicht lösen, sondern nur etwas aufschieben. Dies sollte dieses Buch hinlänglich offengelegt haben.

Die Grundpfeiler der heutigen Lebensweise sind Konsum, Wettbewerb und Wirtschaftswachstum – verbunden mit einem enormen Druck auf die Umwelt, der mit jedem zusätzlichen Menschen und (traurig, aber wahr) dem weltweit zunehmendem Lebensstandard immer größer wird. Gleichwohl ist unsere Lebensweise nur *eine* von vielen Möglichkeiten menschlichen Daseins.

Wenn man sich keine gänzlich andere Lebensweise vorstellen kann, bedeutet das nicht, dass es keine gibt!

Es ist verhängnisvoll, dass sich die gegenwärtige »Verbrauchsgesellschaft« über die gesamte Erde ausgebreitet und jede andere Lebensweise dabei hemmungslos überrannt hat.

Viele Leser:innen werden sich nun sicherlich fragen, *welche* andere Lebensweise hier überhaupt gemeint ist? Etwa das ärmliche Leben indischer Dorfbewohner:innen? Oder die entbehrungsreiche Wirklichkeit eines jagenden und sammelnden Volkes irgendwo im Dschungel? Zurück zur Natur? Ohne Internet und Smartphone? Ohne Auto und Klimaanlage? Ohne Zahnarzt und Aspirin?

Eine Partei, die einen Wandel dieser Art einleiten wollte, würde sicher nicht gewählt oder umgehend wieder abgewählt werden. Solche Wege sind völlig unrealistisch – obgleich es durchaus sinnvoll wäre, von den alten Völkern zu lernen, denn ihre Lebensweisen waren Jahrtausende lang erfolgreich.

Doch selbst der Wandel, den wir benötigen, würde bei vielen Menschen auf Ablehnung stoßen, denn materiell betrachtet kommen wir um etliche Verzichte nicht herum: Zuviel Wohnraum und Reichtum für Wenige, Flugreisen in alle Welt, alle paar Monate neue Kleidung und jeden Tag Fleisch müssten sicherlich in Frage gestellt werden. Und das ist lange noch nicht alles!

Doch demgegenüber stünde zum Beispiel eine gerechtere Welt ohne Reichtum und Armut, in der jede:r alles, was er braucht, umsonst bekommen kann und in der keine Firma mehr um ihre Existenz bangen muss, weil jegliche Produktion nur noch auf Freiwilligkeit und ganz neuartigen Wegen der Anerkennung beruht. Produkte oder Herstellungsprozesse, die die Umwelt zerstören oder ihre Funktionen gefährden, sollten gänzlich vom Markt verschwinden. Jede:r darf sich jetzt ausmalen, welche Dinge man dann *gar nicht mehr* würde kaufen können ...

Wem diese Beispielideen zu weit hergeholt erscheinen, der oder die sollte sich vielleicht nochmals eingehend mit diesem Buch beschäftigen, um einerseits zu ermessen, in welche gefährliche Lage uns die alltägliche »Normalität« gebracht hat und andererseits zu begreifen, dass unsere *jetzige* Lebensweise in Wahrheit bereits alles andere als normal *ist!*

Die meisten Bestrebungen, die wir heute beobachten können, sind bei genauerer Betrachtung entweder die berühmten »Tropfen auf den heißen Stein« oder aber im Gesamtzusammenhang keine wirklichen Lösungsansätze, sondern nur Problemverlagerungen. Würden sich die notwendigen Änderungen durchsetzen, könnte man das derzeit ohne Übertreibung als »Wunder« bezeichnen. Doch waren der Mauerfall und das Ende der DDR nicht auch vollkommen unvorhersehbar? ...

Im Gegensatz zur heutigen Notlage war das jedoch in erster Linie ein politisches Erdbeben, das von verhältnismäßig wenigen Menschen ausgelöst wurde. Um die ganze Welt »erzittern zu lassen«, müsste ein großer Teil der gesamten Menschheit ein selbstloses *Wir-Gefühl* entwickeln und eine weitgehend übereinstimmende Zielvorstellung für eine menschenwürdige und nachhaltige Zukunft erarbeiten, die sicherlich das Bekannte und Gewohnte in jeder Hinsicht *umstoßen* würde.

Sicher ist jedenfalls, dass wir alle unsere Welt erschaffen – in jeder Sekunde unseres Daseins, mit allem, was wir denken und tun. Und genau deshalb haben wir auch die Möglichkeit, die Welt jederzeit zu verändern. Wenn nur genügend Mutige und Überzeugte dabei sind, die die richtigen Ideen für eine menschenwürdige Zukunft haben und verwirklichen, kann wieder solch ein Wunder geschehen!

TEIL 2
Auswege in die Zukunft

*»Wir müssen die Änderung sein,
die wir in der Welt sehen wollen.«*

Mahatma Gandhi (1869–1948)

GELEITWORT

Du weißt sicherlich, dass Wissen ohne Wahrheit nutzlos ist; vor allem, wenn es um deine Zukunft geht. Doch wenn die Wahrheit so beunruhigend ist, wie es die »Irrwege der Gegenwart« vermitteln, dann brauchen wir alle etwas, das Hoffnung macht. Geht es dir auch so?

Ich habe den Eindruck dass die Entscheidungsträger:innen aus Politik und Wirtschaft diesen Wunsch derzeit nur sehr eingeschränkt erfüllen können, weil sie weiterhin auf die althergebrachten Denkmodelle setzen. Nach meiner Ansicht kommen die vielversprechendsten Ansätze »von unten« aus der freiwilligen, bürgerschaftlichen Protest- und Alternativbewegung.

Im Folgenden möchte ich dir insgesamt 100 verschiedene Gruppierungen und Projekte vorstellen, die sich in irgendeiner Form für einen zukunftsfähigen und nachhaltigen Wandel der Gesellschaft einsetzen. Dabei erhebe ich keinerlei Anspruch auf Vollständigkeit!

Ich möchte dir sowohl große und bekannte Organisationen vorstellen, als auch kleine und weniger bekannte, die jedoch durch ein besonderes Thema oder eine ungewöhnliche Herangehensweise auffallen. Vor allem Freiwilligkeit und Einsatz sind allen gemeinsam!

Die Frauen und Männer, Mädchen und Jungen, die diese Arbeit leisten, stehen stellvertretend für alle Menschen, die die Zeichen der Zeit erkannt haben und zur Überzeugung gelangt sind, dass die großen Menschheitsprobleme nur gelöst werden können, wenn wir alle den Rahmen unserer Möglichkeiten ausschöpfen, um die Welt ein klein wenig besser zu machen. Fühlst du dich angesprochen?

Im Sinne des ganzheitlichen Ansatzes war es mir wichtig, möglichst zu jedem Stichwort aus dem ersten Teil des Buches einige Organisationen zu finden, die in dieser Hinsicht aktiv sind. Ich bin sicher, dass es einer weltumspannenden, großen »Gegenbewegung« bedarf, um die folgenschweren Fehler der modernen Gesellschaft überwinden zu können. Das ist jedoch nur möglich, wenn sich alle Mitstreiter:innen auch als Teil eines »großen Wir« verstehen. Sowohl du als auch ich, sowohl Deutsche und Amerikaner, Chinesen, Inder und Brasilianer, wie auch Inuit, Massai und Maori haben dieselben Grundbedürfnisse und wollen glücklich sein!

Nach meiner Auffassung ist es von entscheidender Bedeutung, dass sich noch viel mehr Menschen an der Arbeit dieser Organisationen in irgendeiner Form beteiligen und dass sie lernen, sich als Teil einer einzigen großen Bewegung zu verstehen – die dann auch in der Öffentlichkeit ganz anders wahrgenommen würde. Ich bin sicher, dieser Schritt könnte den Wandel erheblich beschleunigen und endlich tiefgreifende Veränderungen ermöglichen, die derzeit noch für unmöglich gehalten werden.

Trotz der bestehenden Widersprüche und Gegensätze, die zwangsläufig entstehen, wenn sich neue Ideen und Vorstellungen verschiedener Menschen begegnen, muss uns allen klar sein, dass es ein großes, verbindendes Ziel gibt, welches uns und dich und mich eint:

Ob Vogelschützer oder Windparkbefürworterin, ob anthroposophischer Impfskeptiker oder freiwillige Ärztin in einem Impfprogramm in Afrika, ob der Einsatz auf dem Glauben an einen Gott oder dem Vertrauen in wissenschaftliche Theorien gründet ... wir alle wollen in erster Linie eine nachhaltige, menschenwürdige und umweltverträgliche Zukunft für alle Menschen auf der Erde!

Ich habe die folgenden Kapitel in eine lose, zufällige Reihenfolge gestellt, um deutlich zu machen, dass alle Themen gleichermaßen bedeutsam sind. Dass manche Problemkreise häufiger vorkommen als andere, trägt ihrer unterschiedlichen Dringlichkeit Rechnung. So sind vor allem Klima-, Natur- und Artenschützer:innen häufiger als andere Weltbessermacher:innen vertreten. Wenn du nach einer bestimmten Organisation suchst, findest du am Ende des Buches einen Eintrag im Schlagwortverzeichnis.

Schlussendlich hoffe ich, dir einige Ideen und Anreize zu bieten, dich selbst einer Gruppierung anzuschließen oder in irgendeiner weitsichtigen Form mit Kopf, Herz und Hand am »Projekt Zukunft« mitzuwirken – falls du nicht schon längst dabei bist.

Damit aus der Bewegung *»mehr als die Summe ihrer Teile«* wird!

Frank Baldus

Auf dem Boden der Tatsachen bleiben

Auch wenn sich viele Dozent:innen noch schwer tun und ihren Studierenden davon abraten, *Wikipedia* zu nutzen, wird die Internet-Enzyklopädie selbst in der Wissenschaftswelt längst genutzt. Heute schreiben sogar Professoren im Ruhestand für die *Wikipedia*. Im Idealfall sollte die Einleitung oberhalb des Verzeichnisses eine knappe Zusammenfassung des Artikels bieten, sodass man nicht alles lesen braucht. Sollte das einmal nicht so sein, kann man auf der jeweiligen Diskussionsseite darum bitten, das nachzuholen (auch ohne Anmeldung). Darüber hinaus wird die *Wikipedia* täglich besser: Heute liegt der Schwerpunkt auf dem Ausbau und der Verbesserung der bestehenden Artikel: hier vor allem bei der Belegung jeder wichtiger Aussage durch geeignete, anerkannte Quellen.

→ **de.wikipedia.org**

Um dem Hass und der Hetze im Netz gut belegte Gegenargumente entgegenzusetzen und um Falschmeldungen zu entlarven ist der Blog der sogenannten *Volksverpetzer* eine erste Adresse. Darüber hinaus haben sich die Macher:innen zum Ziel gesetzt, über die Hintergründe politischer und populistischer Weltbilder aufzuklären.

→ **volksverpetzer.de**

Das Projekt *Correctiv* möchte aufklärenden Journalismus für alle Menschen kostenfrei zugänglich machen und greift für seine Ermittlungen mitunter auch auf Bürger:innenbeteiligung zurück. *Correctiv* veröffentlicht alles auf der eigenen Webseite, gibt zudem Bücher heraus und führt u.a. Faktenchecks für Facebook durch.

→ **correctiv.org**

Wer noch tiefer in die Welt des »Enthüllungs-Journalismus« einsteigen will – über Informationsforen und Ausbildungskonzepte bis hin zu Tagungen und Seminaren –, der sollte sich die *Netzwerk Recherche* näher anschauen.

→ **netzwerkrecherche.org**

Zwischen all den negativen Nachrichten tut es gut, ab und zu ein paar gute Nachrichten zu lesen. Die gibt es tatsächlich in großer Zahl zu den unterschiedlichsten Themenbereichen bei:

→ **nur-positive-nachrichten.de**

Einsatz für den Klimaschutz

Auch wenn das Artensterben, die Stickstoff- und Phosphoranreicherung im Boden und die Naturzerstörung aus wissenschaftlicher Sicht noch dringlicher sind als die globale Erwärmung, bekämpft ein wirksamer Klimaschutz gleich mehrere dieser Probleme.

Gleichsam hat auch die weltweite Bewegung der streikenden Schüler:innen eine hoffnungsvolle Symbolwirkung auf mehr Verbundenheit unter den Menschen aller Länder, Kulturen und Religionen. Die kommenden Generationen werden es ausbaden müssen, daher sollten noch viel mehr junge Leute auf die Straße gehen und solange für ihre Zukunft protestieren, bis endlich wirksame Maßnahmen ergriffen werden.

→ **fridaysforfuture.de**

Wem es nicht genügt, seine Stimme für den Klimaschutz zu erheben, sondern wer aktiv an der Gestaltung eines »Klimagesetzes von unten« mitwirken möchte, kann das bei der Bürgerinitiative *GermanZero*. Die Gruppe teilt die Arbeiten unter ihren Mitstreiter:innen nach Vorlieben auf. Das Ziel ist die Klimaneutralität Deutschlands bis 2035 und das 1,5°-Ziel.

→ **germanzero.de**

Das *Klima-Bündnis* wurde bereits 1990 gegründet und ist eine gegenseitige Verpflichtung zwischen mehr als 1700 Städten und Kreisen aus 26 europäischen Industriestaaten und den Regenwaldvölkern des Amazonas. Die Einen wollen ihren Kohlendioxid-Ausstoß alle fünf Jahre um zehn Prozent verringern, wofür die anderen sich in vielfältiger Weise für die Erhaltung des Regenwaldes einsetzen.

→ **klimabuendnis.org**

Der Verein *Germanwatch* versteht sich als Organisation für globale Gerechtigkeit – insbesondere Klimagerechtigkeit – und den Erhalt der Lebensgrundlagen im Verhältnis zwischen den reichen und armen Staaten der Erde. Mit seinen wissenschaftlichen Arbeiten hat sich *Germanwatch* einen Ruf als »Denkfabrik« der Umweltbewegung erworben. Vorrangig ist der Austausch mit Politik und Wirtschaft sowie die Information und Bildung der Öffentlichkeit.

→ **germanwatch.org**

Kampf für Umwelt und Lebensgrundlagen

Die für ihre aufsehenerregenden Aktionen bekannteste Organisation für Natur und Umwelt ist sicherlich *Greenpeace*. Doch dies ist lange nicht alles: *Greenpeace* brachte in den 90er Jahren den ersten FCKW-freien Kühlschrank und das erste »3-Liter-Auto« auf den Markt und mischt heute bei den wichtigsten Ökostrom-Anbietern Deutschlands mit. Zudem gibt die Organisation immer wieder wichtige Umweltgutachten in Auftrag, um politisch zu überzeugen; etwa die maßgebliche Urwaldstudie »Intact forest landscapes«.

→ **greenpeace.de**

Ein ehemaliger »Ableger« von Greenpeace Deutschland ist die viel kleinere, aber nicht weniger ideenreiche Organisation *Robin Wood*. Ihre Arbeitsfelder sind Wald, Tropenwälder, Energie und Verkehr. Auch *Robin Wood* führt immer wieder medienwirksame Aktionen durch und setzt sich in vielfältiger Weise für den nachhaltigen Schutz der Umwelt ein. Im Unterschied zu Greenpeace sind die Regionalgruppen wesentlich freier in ihren Entscheidungen.

→ **robinwood.de**

Umweltschutz hat viele kleine Teilbereiche, die enorm wichtig sind. Die Organisation *SOS Save our seeds* setzt sich etwa für die Vielfalt, Unbedenklichkeit, Gentechnik-Freiheit und Zugänglichkeit des Saatgutes für alle Menschen als Grundlage unserer Ernährung, sowie für nachhaltige Landwirtschaft und globale Ernährung ein.

→ **saveourseeds.org**

Oftmals liegt zwischen Umweltbewusstsein und Lebenswirklichkeit ein tiefer Graben. Die *Initiative Psychologie im Umweltschutz* untersucht u.a., wann sich Menschen umweltschützend verhalten möchten. Wer sich für die vielfältigen Wechselbeziehungen zwischen Mensch und Umwelt interessiert, ist hier richtig.

→ **ipu-ev.de**

Zur »Speerspitze« der Umweltbewegung gehören Gruppen wie *Extinction Rebellion*, die hart am Rande der Legalität mit zivilem Ungehorsam ihre Freiheit aufs Spiel setzen, um den Druck auf die Politik zu erhöhen. Doch Vorsicht: Man trifft dort auch Extremisten!

→ **extinctionrebellion.de**

Natur lieben und schützen

Die meisten Natur- und Umweltschutzorganisationen decken heute alle Bereiche dieser Problemkreise ab. Dennoch liegt der Schwerpunkt bei einigen mehr auf dem direkten Schutz der Natur an sich.

Wer gern selbst tatkräftig mit anpackt, etwa Nistkästen anbringen möchte, wilde Wiesen mähen, Moore wiedervernässen oder Uhunester kontrollieren möchte und vieles mehr in deutschlandweit rund 2000 Orts-, Kreis- und Fachgruppen, für den oder die ist der *Naturschutzbund Deutschland* ideal. Der *Nabu* versteht sich zudem politisch als »Lobbyist der Natur«.

→ **nabu.de**

Wenn man den Nabu nennt, ist es ein Muss, auch den *BUND für Umwelt und Naturschutz Deutschland* zu erwähnen: Mit deutlich weniger Mitgliedern, aber rund 2200 Regional- und Ortsgruppen arbeiten auch BUND-Mitglieder direkt in und für die Natur. Sucht man Unterschiede, ist das vielleicht am ehesten die etwas globalere Ausrichtung des *BUND* durch die Einbindung in das internationale Netzwerk Friends of the earth.

→ **bund.net**

Wer seine Naturliebe gern mit Gleichgesinnten in vielfältigen Freizeitaktivitäten ausleben möchte, findet möglicherweise in der Nähe ein Naturfreundehaus mit den gesuchten Menschen. Die *Natur-Freunde Deutschland* verstehen sich als sozialistischer Verband für Umweltschutz, sanften Tourismus, Sport und Kultur.

→ **naturfreunde.de**

Auf keinem anderen Kontinent sind Naturlandschaften so selten geworden wie in Europa. Für die Bewahrung der letzten Wildnisse mit Hilfe eines nachhaltiges Naturtourismus kämpft die *European Wilderness Society*, die für jede Unterstützung dankbar ist.

→ **wilderness-society.org**

Ein eher kleines, dafür aber umso aktiveres Protestforum im Web, das sich dem Schutz der Wälder – insbesondere der tropischen Regenwälder – verschrieben hat, heißt *Rettet den Regenwald*.

→ **regenwald.org**

Eine Stimme für die Tiere erheben

Viele Menschen fühlen sich Tieren besonders verbunden. Nicht umsonst hat der *WWF (World Wide Fund for Nature)* mit seinen Kampagnen für Panda, Tiger, Eisbär & Co. so viel Unterstützung erfahren. Die Tiere sind allerdings »nur« die Hingucker, während vor allem umfassender Lebensraumschutz betrieben wird. Die größten Erfolge liegen beim Einsatz für Großschutzgebiete. Letztendlich gilt auch für den *WWF* die Vision »Wir wollen die weltweite Zerstörung der Natur und Umwelt stoppen und eine Zukunft gestalten, in der Mensch und Natur in Einklang miteinander leben.«

→ **wwf.de**

Gegen den Missbrauch von Tieren – egal, ob in Obhut des Menschen oder in freier Wildbahn – setzt sich der *Deutsche Tierschutzbund* als Dachverband aller 744 deutschen Tierschutzvereine und mehr als 550 Tierheime ein. Der Verein kämpft für das Ende des Tierleids in Deutschland, Europa und weltweit. Doch auch der Naturschutzgedanke wird beim *Tierschutzbund* gelebt.

→ **tierschutzbund.de**

Einer der größten Verfechter der Tierrechte war der Tropenarzt und Philosoph Albert Schweitzer. Da Massentierhaltung in seiner Denkweise ein Unding wäre, kämpft die *Albert Schweitzer Stiftung für unsere Mitwelt* für deren Abschaffung. Neben den bekannten Themen der Tierschützer sieht die Stiftung außerdem die vegane Ernährung ohne tierische Produkte als beste Lösung an, um Schweitzers »Ehrfurcht vor dem Leben« in die Tat umzusetzen. Das ist zweifellos richtig, denn dann wären Mastschweine, Legehennenbatterien und grausame Tiertransporte überholt. (Einschätzung des Autors: Zudem hat die vegane Ernährung – richtig gemacht! – auch großen gesundheitlichen Nutzen und entlastet das Klima.)

→ **albert-schweitzer-stiftung.de**

Für viele sicherlich gewöhnungsbedürftig, aber dennoch bedenkenswert ist das internationale *Great Ape Project:* Die Urheber:innen fordern etwa das Recht auf Leben, den Schutz der Freiheit und das Verbot der Folter – also ursprüngliche Menschenrechte – auch auf die uns nah verwandten Menschenaffen auszuweiten.

→ **greatapeproject.de**

Demokratie leben und weiterentwickeln

Seit es die sozialen Medien gibt, über die sich Hass und Hetze rasend schnell millionenfach verbreiten lassen, ist in vielen Ländern ein Wandel zu beobachten: Viele Menschen misstrauen der Politik und den demokratischen Errungenschaften. Wird dieser Trend nicht gebrochen, ist nicht sicher, dass sich die dringenden Maßnahmen zum Schutz von Umwelt und Menschenrechten weiterhin entfalten dürfen. Dagegen muss etwas unternommen werden!

Gegen bestechliche und käufliche Politiker:innen kämpfen *Transparency International Deutschland* und *abgeordnetenwatch.de*, die zweifellos viele weitere aktive Mitglieder für ihre Arbeit brauchen können!

→ **transparency.de, abgeordnetenwatch.de**

Ein nicht zu unterschätzendes Recht in Demokratien ist die Pressefreiheit ohne Einschränkungen und Zensur. Seit 1985 kämpfen die *Reporter ohne Grenzen* weltweit darum. Auch wird versucht, verhaftete Journalisten aus der Gefangenschaft zu befreien. Darüber hinaus setzt sich die Organisation für die Informations- und Meinungsfreiheit im Internet ein, obwohl gerade auf diesem Weg die harschesten Anfeindungen gegen die freie Presse kommen.

→ **reporter-ohne-grenzen.de**

Wem die »Kreuzchen-Demokratie« nicht ausreicht, sollte sich einmal *Mehr Demokratie* ansehen! Der weltweit größte Fachverband für direkte Demokratie setzt sich für mehr Bürgerbeteiligung sowie Reformen des Wahlrechts in Deutschland und der EU ein, entwickelt Gesetzentwürfe und Kampagnen und regt Volksbegehren an.

→ **mehr-demokratie.de**

Fast schon eine altehrwürdige Einrichtung vieler Demokratien sind die Gewerkschaften, in Deutschland vertreten durch den *Gewerkschaftsbund DGB*. Ohne die Gewerkschaften wären die Unterschiede zwischen Arm und Reich höchstwahrscheinlich wesentlich größer. In den USA, wo Gewerkschaften praktisch keine Rolle spielen, ist das so eingetreten. Genau wie die Demokratie selbst, ist auch die Arbeit der Gewerkschaften nicht selbstverständlich uns sollte aktiv unterstützt werden.

→ **dgb.de**

Frieden bewahren und fördern

Jegliche Anstrengung für unsere Zukunft kann nur gedeihen, wenn Frieden herrscht! Die ganze Weisheit steckt in der einfachen Formel »Gewalt ist keine Lösung«.

Die älteste deutsche Friedensbewegung und gleichsam pazifistische Organisation nennt sich heute etwas umständlich *Deutsche Friedensgesellschaft – Vereinigte KriegsdienstgegnerInnen*. Ihr oberster Grundsatz lautet: »Krieg ist ein Verbrechen an der Menschheit. Ich bin daher entschlossen, keine Art von Krieg zu unterstützen und an der Beseitigung aller Kriegsursachen mitzuarbeiten.« Die Friedensbewegung verfolgt ihre Ziele durch öffentliche Proteste, Diskussionen und Aktionen wie etwa die Ostermärsche.

→ **dfg-vk.de**

Weil Gewalt immer neue Gewalt nach sich zieht, aber dennoch angemessen auf kriegerische Akte reagiert werden muss, wurde die Methode der »Sozialen Verteidigung« entwickelt: Grundlegend ist die Überzeugung, dass Fremdherrschaft für die Bevölkerung besser ist als blutiger Krieg, Tod und Zerstörung. Stattdessen wird versucht, mit »Dienst nach Vorschrift«, zivilem Ungehorsam und gewaltlosen Aktionsformen die Machtausübung der Beherrscher zu erschweren – möglichst mit Respekt gegenüber den beteiligten Menschen. Es gibt einige Beispiele aus der Geschichte für das Funktionieren dieser Idee. Der *Bund für Soziale Verteidigung* fördert den Gedanken.

→ **soziale-verteidigung.de**

Die *Werkstatt für gewaltfreie Aktion* lehrt Friedensbringer:innen, *wie* gewaltloser Widerstand funktioniert.

→ **wfga.de**

Eine Vision der Friedensbewegung ist die Entstehung einer friedlichen Weltgemeinschaft. Die UNO kann dabei das völkerrechtliche Fundament bilden. Damit ihre Ideen und Bestrebungen bekannter werden und richtig verstanden werden, gibt es den Verein *Deutsche Gesellschaft für die Vereinten Nationen*.

→ **dgvn.de**

Kinder sind unsere Zukunft

Egal, welche Möglichkeiten ihr euren Kindern eröffnet, um weltoffene, interessierte, mitfühlende Erwachsene zu werden, die elterliche Prägung steht in der Regel über allem anderen. So können auch die besten Ansätze der folgenden Organisationen weitgehend wirkungslos bleiben, wenn ihr etwas ganz anderes vorlebt.

Zunehmende Beliebtheit genießen die über 1500 deutschen *Natur- und Waldkindergärten*. Abgesehen von den üblichen Risiken, die ein Aufenthalt im Wald für jeden Menschen mit sich bringt, gibt es nur positive Wirkungen zu berichten: Beweglichkeit, Sinne, Feingefühl, Ausdrucksfähigkeit sowie Krankheitsabwehr werden verbessert; Unfallhäufigkeit und die Schwere von Verletzungen nehmen ab. Außerdem sind die Kinder im Wald weniger Lärm und Stress ausgesetzt. Dass diese Bedingungen Interesse, Bewusstsein und Einsatz für Umwelt und Soziales wecken können, ist offensichtlich.

→ **bvnw.de**

Jedes Kind ist mit bestimmten Vorlieben und Ideen, Stärken und Schwächen und mit einem großen Drang nach Freiheit und Selbstverwirklichung ausgestattet. Der Lehr- und Erziehungsstil nach Maria Montessori setzt genau dort an, weil sie das Kind und dessen Talente und Begabungen in den Mittelpunkt stellt und nicht die Lernziele. So entstand eine ganzheitliche Bildungsmethode, die auf die natürliche Freude am Lernen baut.

→ **deutsche-montessori-gesellschaft.de**

Die *Stiftung Lernen durch Engagement* setzt auf die Idee des »Service learning« – etwa »Lernen durch Einsatzfreude«. Dabei führen die Kinder aktiv Hilfsprojekte für soziale, ökologische, politische oder kulturelle Themen durch, die sie bewegen. Die Lernziele werden in diese Projekte eingebaut. Auf diese Weise machen sie echte Erfahrungen statt sich nur gedanklich mit der Welt auseinanderzusetzen.

→ **servicelearning.de**

Jedes Kind sollte Mitglied in einer *Naturschutzgruppe* werden, um die Erde vor der eigenen Haustür hautnah kennen und lieben zu lernen! Nur was man kennt, will man auch beschützen!

→ **bundjugend.de, naju.de, naturranger.de**

Ernährung für Mensch und Klima

Beim Umwelt- und Tierschutz wurden schon Organisationen erwähnt, die unsere Ernährung im Auge haben. Natürlich gibt es noch mehr davon – mit ganz unterschiedlichen Schwerpunkten.

Insbesondere in Afrika, aber auch in einigen Ländern Amerikas und Asiens gibt es immer noch zu viele Menschen, die täglich unter Hunger leiden. Vor dem Hintergrund der christlichen Nächstenliebe sucht *Brot für die Welt* seit 1959 Wege zur Selbsthilfe aufzuzeigen, um diesen Zustand zu beenden. Es ist leicht nachvollziehbar, dass nur Menschen, die genug zu essen haben, ein Bewusstsein für den Schutz der Lebensgrundlagen entwickeln können.

→ **brot-fuer-die-welt.de**

Der Verein *foodsharing* wurde gegründet, um Lebensmittel zu »retten«, die bei Herstellern, Händlern oder Verbrauchern im Abfall gelandet wären. Im gegenseitigen Austausch über eine Internet-Plattform werden die Waren dann kostenlos unter den Mitglieder:innen der Maßnahme verteilt, bevor sie verderben.

→ **foodsharing.de**

Um die Qualität von Lebensmitteln geht es dem Verein *foodwatch:* Etwa um Lebensmittelskandale, Zusatz- oder Schadstoffe, aber auch um Nahrungsmittel, die als gesund beworben werden, obwohl sie große Mengen Zucker oder billige Fette enthalten. Die beiden vorrangigen Arbeitsweisen sind öffentlichkeitswirksame Aktionen wie die Verleihung des Goldenen Windbeutel als Negativpreis für »die dreisteste Werbelüge des Jahres« oder der gerichtliche Weg.

→ **foodwatch.org**

Greta Thunberg tut es, Leonardo DiCaprio, Johnny Depp, Michelle Pfeiffer und Natalie Portman ebenso: Sie alle essen nur pflanzliche Nahrung; allerdings aus ganz unterschiedlichen Gründen. Sicher ist, dass dieser sogenannte Veganismus das Leid von Millionen Tieren beenden könnte, das dabei wesentlich weniger landwirtschaftliche Flächen benötigt werden und das Klima geschützt wird. Für immer mehr Menschen Grund genug, sich einmal damit ernsthaft auseinanderzusetzen. Beispielsweise bei der *Veganen Gesellschaft Deutschland.*

→ **vegane.org**

Forschung im Dienst der Nachhaltigkeit

Die führende internationale Denkfabrik für anwendungsorientierte Nachhaltigkeitsforschung ist das *Wuppertal Institut für Klima, Umwelt, Energie*. Hier wird beispielsweise erforscht, ob die Zukunftsprogramme der Bundesregierung erfolgversprechend sind und welche Technologien und gesellschaftlichen Anpassungen die richtige Antwort auf den Klimawandel sind. Jede:r Interessierte bekommt dort Informationen aus erster Hand.

→ **wupperinst.org**

Mit eher kurzfristigeren Problemstellungen und der Erstellung von Umweltgutachten befasst ist das *Öko-Institut* in Freiburg, das als eines der »führenden Umweltforschungsinstitute in Deutschland« gilt. Hier geht es etwa um die Abschätzung von Technikfolgen, um Chemikalien und Radioaktivität, um grünen Strom und nachhaltige Unternehmensführung. Doch auch die Beratung und Aufklärung der Öffentlichkeit spielt eine wichtige Rolle.

→ **oeko.de**

Der *Wissenschaftsladen Bonn* ist einer von weltweit 75 sogenannten »Wissenschaftsläden«, die gegründet wurden, um zwischen Wissenschaft und Gesellschaft Brücken zu bauen. Auf der einen Seite werden die Ergebnisse der Forschung verständlich aufbereitet und auf der anderen Seite werden die Anfragen von Bürger:innen in die Fachwelt hineingetragen, sodass ein fruchtbarer Austausch zwischen Wissenschaft und Gesellschaft entstehen kann.

→ **wilabonn.de**

Noch näher an der Öffentlichkeit ist das Verbrauchermagazin *Öko-Test*, das einen hohen Bekanntheitsgrad genießt. Öko-Test lässt in erster Linie einschlägige Labore Produkte auf Zusammensetzung, Wirkungsformen, Schadstoffe und Energieverbräuche untersuchen, um daraus Rückschlüsse auf die Unbedenklichkeit und Umweltfreundlichkeit der Produkte ziehen zu können. Auf diese Weise hat Öko-Test in den letzten 25 Jahren über 100.000 Produkte und Dienstleistungen in 3.000 Tests untersuchen lassen, so beispielsweise Mineralwässer, Joghurt, vegane Brotaufstriche, Energiesparlampen, Toilettenpapiere, Reinigungsmittel, Farben, Shampoos uvm.

→ **oekotest.de**

Das Große Ganze im Blick

Die *Bundesvereinigung Nachhaltigkeit* greift die Gleichgewichtsmechanismen der Natur, die in Jahrmillionen das Überleben gewährleistet haben, als Vorbild für eine Weltgemeinschaft auf. Nachhaltigkeit in allen Lebensbereichen – nicht nur in wirtschaftlicher Hinsicht, sondern in allen Werten menschlicher Kultur – soll zum Staatsziel werden, um den nächsten Generationen mehr Chancen auf eine lebenswerte Welt zu ermöglichen.

→ **nachhaltigkeit.bvng.org**

Eines der großen Schlagworte unserer Zeit lautet »Digitalisierung«: Wir können begeistert und kritiklos alles ausprobieren und zulassen, was die digitale Welt in rasendem Tempo an Neuerungen bietet; oder wir können überlegt und vorsichtig untersuchen, welche Auswirkungen diese Welt auf unsere Lebenswirklichkeit hat und wie diese wiederum den Weg der Digitalisierung beeinflusst. Ein weites Feld, das beim *Alexander von Humboldt Institut für Internet und Gesellschaft* in der ganzheitlichen Denktradition des berühmten Universalgelehrten steht.

→ **hiig.de**

Aufgrund der Erkenntnis, dass der Kampf für den Schutz der Umwelt und für soziale Gerechtigkeit bislang vorwiegend an den Auswirkungen des modernen Lebens ansetzt und nicht an den Ursachen, wurde die Idee des *Equilibrismus* geboren. Dieser ganzheitliche Ansatz, der auf den Regeln und Kreislaufgesetzen der Natur beruht, beschreibt Wege zu einer neuen natürlichen Ordnung, die alle Bereiche von Gesellschaft, Wirtschaft und Politik mit einbezieht. Reizvoll ist dabei die Umsetzung der Idee in Romanform.

→ **equilibrismus.org**

»Wir glauben, dass alles, was ist, eine Ganzheit bildet.« »Keine Religion kann beanspruchen, über absolut gültige Wahrheiten zu verfügen.« Diese beiden Sätze stammen aus den Grundgedanken der *Unitarier – Religionsgemeinschaft freien Glaubens*. Eine kleine Gemeinschaft mit dem großen Ziel, eine Art übergeordnete Religion anzustreben, die unterschiedliche persönliche Glaubensvorstellungen achtet, dabei jedoch eine verbindende Klammer bieten kann.

→ **unitarier.de**

Glauben, erspüren, denken, diskutieren

Für die einzelnen Weltreligionen, die natürlich wichtige Beiträge für eine menschenwürdige Zukunft leisten, soll hier stellvertretend das *Projekt Weltethos* genannt werden, das darauf zielt, den »gemeinsamen Nenner« aller Religionen, Kulturen und Philosophien zu finden. So wurden fünf Grundwerte festgelegt: Gewaltlosigkeit, Gerechtigkeit, Wahrhaftigkeit, Gleichberechtigung & Partnerschaft sowie Ökologische Verantwortung.

→ **projektweltethos.de**

Rudolf Steiner begründete die Anthroposophie, nach der jeder Mensch durch Meditation mit übersinnlichen Kräften in Beziehung treten kann, um Erkenntnis über sich selbst zu gewinnen, die Trennung von »Ich« und »Welt« zu überwinden und in der spirituellen Entwicklung immer höher zu steigen. Um die Herausforderungen der Moderne zu meistern, brauchen wir nach Steiner eine geistige Vervollkommnung. Die *Anthroposophische Gesellschaft in Deutschland* führt das Erbe Steiners fort, welches u.a. hinter den Waldorfschulen, dem Demeter-Biolandbau oder der Firma Weleda steht.

→ **anthroposophische-gesellschaft.org**

Auch die *Freimaurer:innen* streben nach Selbsterkenntnis und einem menschlicheren Verhalten. Wer ihre Grundsätze lebt, wird den Sinn- und Wertfragen des Daseins näherkommen und kann über verschiedene Rituale und Zeremonien immer höhere Grade der Entwicklung erreichen. Die Freimaurer:innen halten Freundschaft, Weltoffenheit, Großmut und Brüderlichkeit hoch und möchten durch ein edles Menschentum das Gute in der Welt fördern.

→ **freimaurer.org** und **freimaurerinnen.de**

Die Weltsicht der *Freidenker und Humanisten* beruht auf der Überzeugung, dass es keinen Gott gibt. Man pflegt ein Denken frei von Vorurteilen, Glaubenssätzen und Tabus und orientiert sich an wissenschaftlich begründeter Erkenntnis. Auch die Humanist:innen sind bestrebt, das Gute im Menschen zu fördern. Darüber hinaus sollen den Anhänger:innen für alle Lebenslagen nichtreligiöse Alternativen – etwa Kindertagesstätten, Beratungsdienste, Jugendweihe, Trauerfeiern usw. – eröffnet werden.

→ **humanistisch.de**

Innere Reifung

»Jede:r ist sich selbst der Nächste« – klingt nach purem Eigensinn, doch in der Tat können wir in der Gesellschaft nur positiv wirksam werden, wenn wir mit uns selbst positiv umgehen; wenn wir uns lieben, freundlich behandeln und ohne Unterlass an uns arbeiten.

Das *Virtues Project Germany* wirbt damit, das Beste in uns zu unterstützen und zu fördern. Gemeint sind die gewissenhaften inneren Werte und Tugenden, die durch eine entsprechende Charakterbildung geweckt werden – ohne den Anspruch einer vollständigen Weltanschauung.

→ **virtuesproject.works**

Die *Agentur mehrwert* baut auf die Überzeugung, dass schon Begegnungen von Menschen aus unterschiedlichsten Lebenswelten das Gute in uns wecken können und allen Beteiligten wertvolle Erkenntnisse verschafft. Daher bietet die Agentur Programme an, bei denen etwa demente Menschen auf Manager:innen treffen, Jugendliche mit Behinderung auf Auszubildende oder »Überflieger:innen« auf Obdachlose. Angesprochen werden Schulen, Kommunen, Unternehmen, aber auch gemeinnützige Organisationen.

→ **agentur-mehrwert.de**

Die moderne Welt ist bunt, laut und anspruchsvoll. Das hinterlässt unweigerlich Spuren. Die besten »Weltretter:innen« werden jene sein, die sich am besten konzentrieren können, die die Ruhe bewahren und ihre Gesundheit fördern. Die *Deutsche Qigong Gesellschaft* setzt auf das jahrtausendealte »beharrliche Trainieren der Lebensenergie« durch meditative, langsam-fließende Bewegungsübungen.

→ **qigong-gesellschaft.de**

Auch bei den fernöstlichen Sitzmeditationen ist die Achtsamkeit entscheidend: Ein Zustand der Geistesgegenwart, in dem man hellwach seine direkte Umwelt, seinen Körper und sein Gemüt erlebt, ohne abgelenkt zu sein, Gedanken nachzuhängen oder etwas zu bewerten. Der Verein *Zaltho-Sangha* möchte die Achtsamkeits-Meditation nutzen, um die Wurzeln von Hass, Krieg und Gewalt zu überwinden und auf diese Weise gesellschaftlich aktiv werden.

→ **zaltho.de**

Gemeinschaft pflegen und entwickeln

Menschen sind unterschiedlich – und doch haben sie viel mehr Gemeinsames als Trennendes. So ist die größte Vision die Entwicklung eines globalen »Wir-Gefühls«, für das es sich mehr zu kämpfen lohnt als für alles Andere. Niemand weiß, ob diese Vision ein Wunschtraum ist, der niemals in Erfüllung gehen wird. Doch vielleicht geschieht es irgendwann in einer Weise, die wir uns heute noch nicht vorstellen können. Die folgenden Organisationen arbeiten daran:

Die *Stiftung trias* fördert vor allem die gemeinschaftliche Nutzung und Entwicklung von Gebäuden und Grundstücken für Gruppen, die neue Formen des Wohnens und des ökologischen Umgangs mit Grund und Boden anstreben.

→ **stiftung-trias.de**

Fassen Wohnprojekte Fuß und werden mit der Zeit größer, macht es Sinn, sie miteinander zu vernetzen. Im Idealfall sprechen wir von »Ökodörfern«. Zum Austausch von Ideen und Informationen bietet das *Global Ecovillage Network Deutschland* viele Möglichkeiten.

→ **gen-deutschland.de**

Die österreichische *Initiative Zivilgesellschaft* möchte den unterschiedlichsten ökologischen und sozialen Projekten eine Plattform zum Austausch bieten. Durch das gegenseitige Kennenlernen sollen übergreifende Gemeinsamkeiten und Ziele gefunden werden.

→ **initiative-zivilgesellschaft.at**

Eines der ältesten Basis-Netzwerke zum Austausch zwischen Eine-Welt-Läden, Friedensgruppen und Globalisierungsgegnern, die für eine Welt ohne entwürdigende Lebens- und Arbeitsbedingungen kämpfen, ist die *Bundeskoordination Internationalismus*.

→ **buko.info**

Die *Weltbürgerinnen und Weltbürger* sind Teil der Friedensbewegung und treten für eine gerechte Welt ohne Krieg, Gewalt und Ausbeutung ein. Entschlossen – aber auf dem Boden der Tatsachen – glauben sie an das Zusammenwachsen der Weltgemeinschaft.

→ **worldcitizens.de**

Aus der Not eine Tugend machen

Sogenannte Hilfswerke, die in akuten Notlagen helfen, gibt es viele. Hier sollen nur einige genannt werden, die darüber hinaus an der Ursachenvermeidung und einer nachhaltigeren Zukunft arbeiten.

Vielen älteren Menschen ist sicherlich die Organisation *CARE* bekannt, die in der Nachkriegszeit 100 Millionen Lebensmittelpakete von Amerika nach Europa verschickt hat. Heute arbeitet die internationale Organisation nach dem Grundsatz der Hilfe zur Selbsthilfe und versucht etwa wirtschaftliche Aktivitäten anzuregen, um damit die Lebensgrundlagen der Betroffenen zu sichern.

→ **care.de**

Eines der größten Hilfswerke der römisch-katholischen Kirche in Deutschland ist das *Bischöfliche Hilfswerk Misereor*, dessen Arbeit auf der christlichen Nächstenliebe beruht. Misereor möchte Gerechtigkeit, Freiheit, Versöhnung und Frieden fördern. So setzt sich die Organisation unter anderem für den Zugang zu Trinkwasser, für eine bessere Bildung und Gesundheitsversorgung, gegen wirtschaftliche Abhängigkeiten und soziale Missstände, und im Kampf gegen AIDS und die Folgen des Klimawandels ein.

→ **misereor.de**

Bekannt für ihre medizinische Nothilfe in Krisen- und Kriegsgebieten ist die Vereinigung *Ärzte ohne Grenzen*. Ebenso gehört auch die Aufklärung der Menschen über Hygiene und Gesundheitsrisiken sowie die Bereitstellung von Trinkwasser und Latrinen zu den Aufgaben der Organisation. Überdies gelten die Ärzte ohne Grenzen als wichtige neutrale Informanten, die die Welt über die Zustände in den Krisengebieten und Menschenrechtsverletzungen aufklären.

→ **aerzte-ohne-grenzen.de**

Nach der Vorstellung des Kinderhilfswerks *terre des hommes* gibt es ein »Kinderrecht auf eine gesunde Umwelt«, für das die Organisation kämpft. Zudem gehen sie gegen Sklaverei und Ausbeutung von Kindern vor, helfen Flüchtlings- und Waisenkindern, kümmern sich um die Opfer von Krieg, Gewalt und Missbrauch und sorgen für eine vernünftige Erziehung und Ausbildung.

→ **tdh.de**

Bekenntnisse für eine bessere Welt

Niemand darf behaupten, ihn ginge das alles nichts an. Für jene, die das erkannt haben, gibt es viele Wege, Flagge zu zeigen!

Per Klick völlig kostenlos das Pflanzen von Bäumen ermöglichen kann man mit der Suchmaschine *Ecosia*, die nebenbei auch noch mit Ökostrom betrieben wird und keine Daten sammelt. Seit der Gründung 2009 wurden nach eigenen Angaben in 10 Jahren weltweit mehr als 100 Mio. Bäume gepflanzt. Die Arbeitsweise ist simpel: Für Suchergebnisse, die von Firmen gesponsert sind, erhält Ecosia Geld. 80% davon werden gezielt für den Naturschutz eingesetzt. Derzeit führen rund 45 Suchanfragen zu einer Baumpflanzung.

→ **ecosia.org**

Gegen rechte Gewalt, Rassismus und Antisemitismus richtet sich der Verein *Gesicht zeigen!*. Vor allem geht es um die Ermutigung zu mehr Zivilcourage. Dazu werden – mit Unterstützung Prominenter – Diskussionen, Lesungen, Schulaktionstage uvm. veranstaltet.

→ **gesichtzeigen.de**

Ein bekanntes Protestforum im Internet, das Menschen aufruft, online ihre Stimme für oder gegen bestimmte politische Entscheidungen abzugeben, ist *Campact*. Die Themen sind vielfältig: Gegen Gen-Mais, das Freihandelsabkommen TTIP oder Hass und Hetze im Netz, gegen den Braunkohletagebau sowie für gerechten Welthandel, freies Internet oder wirksameren Klimaschutz.

→ **campact.de**

Wer lieber die Couch verlässt und auf die Straße gehen möchte, um zu protestieren, kann etwa bei *.ausgestrahlt* gegen Atomkraft und für erneuerbare Energien demonstrieren. Darüber hinaus informiert der Verein regelmäßig über atompolitische Entwicklungen.

→ **ausgestrahlt.de**

Die Internet-Plattform *betterplace.org* dient dazu, Menschen, die für etwas Bestimmtes spenden wollen, direkt mit Menschen oder Organisationen zusammenzubringen, die Hilfe benötigen. Jede:r kann dort ihr oder sein persönliches Spendenprojekt vorstellen.

→ **betterplace.org**

Bewerten, benutzen und unterstützen

Mit nahezu allem, was wir tun, beeinflussen wir die Welt! Deshalb sollten wir keine Entscheidung leichtfertig treffen.

Die Stiftung *ethecon* vergibt seit 2006 jährlich zwei Preise: Mit dem »Blue Planet Award« werden Personen aus der Wirtschaft geehrt, die sich herausragend für den Erhalt der Erde einsetzen. Mit dem negativen »Dead Planet Award« werden Personen geschmäht, die den Raubbau an Mensch und Umwelt vorangetrieben haben. Diese Preise haben die junge Stiftung bekannt gemacht.

→ **ethecon.org**

Oxfam steht dafür, dass sich Menschen in armen Ländern eine nachhaltig sichere Existenzgrundlage schaffen können. Dazu werden entsprechende örtliche Projekte finanziell gefördert. Neben Spenden bezahlt Oxfam seine Projekte durch den Verkauf gut erhaltener Gebrauchtwaren in Oxfam-Läden. Außerdem wird jährlich in 11 Ländern der Spendenlauf »Oxfam Trailwalker« organisiert.

→ **oxfam.de**

Für menschenwürdige Arbeitsbedingungen in der Bekleidungsindustrie setzt sich die *Kampagne für saubere Kleidung* ein, die heute in 15 Ländern aktiv ist. Unter anderem übt der Verein Druck auf Stadtverwaltungen und Kommunen aus, um die Beschaffung von Kleidung an ethische Standards zu knüpfen; und er überwacht Firmen, die mit solchen angeblichen Standards für ihre Produkte werben.

→ **saubere-kleidung.de**

Als »erste Ökobank der Welt« bezeichnet sich die *GLS Gemeinschaftsbank*. In der Tat hat sich die Bank strengen Richtlinien unterworfen, ist sehr durchschaubar und legt bei allen ihren Geschäften vor allem ökologische Vorgaben zu Grunde.

→ **gls.de**

Die bunte Welt des Massenkonsums ist unübersichtlich und enthält leider auch viele Lügen und Falschdarstellungen. Wer wirklich nachhaltige und umweltverträgliche(re) Produkte sucht, findet Rat und Informationen zu allen Trends auf der Online-Plattform

→ **utopia.de**

Wege zu einer nachhaltigen Wirtschaft

Jede:r kennt es, das Fairtrade-Logo für gerechteren Handel, mit dem sichergestellt wird, dass die Kleinbauern in den Erzeugerländern selbstbestimmt von ihren Produkten leben können. Dahinter steht der Verein *TransFair – Fairtrade Deutschland*. Unser Kaufverhalten entscheidet über das Wohl vieler Menschen!

→ **fairtrade-deutschland.de**

Eine andere Möglichkeit, die Erzeuger direkt zu unterstützen, bietet das 2017 gegründete Startup *CrowdFarming*: Die Besucher:innen der Online-Plattform können etwa einen Baum, ein Tier oder einen Garten adoptieren und bekommen dafür die zugehörigen Naturalien ohne Zwischenhändler direkt von den Landwirten zugesandt.

→ **crowdfarming.com**

Beispielhaft für einen Betrieb mit maximaler Mitbestimmung und Freiheit aller Mitarbeiter:innen ist *Locura* in Köln, in dem es keine Hierarchie gibt, sondern nur gleichrangige Mitarbeitende in einem Kollektiv für argentinische Esskultur. Jede:r ist Miteigentümer:in, bringt sich nach eigenen Vorstellungen und Möglichkeiten ein und bekommt dafür einen fairen Anteil am Gewinn.

→ **locura.de**

Das *Deutsches Netzwerk Wirtschaftsethik* schreibt: »Die Diskussion um moralische Neuorientierungen der Wirtschaft ist eine zentrale und grundlegende Herausforderung für unsere Gesellschaft.« Das DNWE möchte dazu über Gesprächsforen Brücken zwischen Wirtschaft, Forschung und Gesellschaft bauen. Das Ziel ist es, den Grundsatz der Folgenverantwortung gegenüber allen Betroffenen nachhaltig zu begründen.

→ **dnwe.de**

Der Verein *World Economy, Ecology & Development* sieht die Globalisierung bisher unter dem Leitbild »Freie Bahn dem Markt und dem Profit« stehen, sodass es nur wenige Gewinner, aber viele Verlierer gibt. WEED kritisiert nicht nur, sondern trägt zur wissenschaftlichen Aufklärung über die Ursachen der globalen Armuts- und Umweltprobleme bei und entwickelt alternative Lösungsideen.

→ **weed-online.org**

Wirtschaft und Globalisierung neu gestalten

Christian Felber, der Mitbegründer der Gemeinwohl-Ökonomie-Bewegung sagt: »Unser jetziges Wirtschaftssystem steht auf dem Kopf. Das Geld ist zum Selbst-Zweck geworden, statt ein Mittel zu sein für das, was wirklich zählt: ein gutes Leben für alle.« Genau darum geht es allen Organisationen dieses Kapitels.

Die *Gemeinwohl-Ökonomie* ist der Entwurf für ein grundsätzlich anderes Wirtschaftssystem, das statt auf Wachstum, Wettbewerb und Gewinnmaximierung für Wenige auf dem Nutzen für das Gemeinwohl aller Menschen – also auf Umweltfreundlichkeit, Langlebigkeit der Produkte, fairen Löhnen uvm. – beruht. Dies soll in einer Punktebilanz ausgewiesen werden. Je mehr Punkte ein Unternehmen hat, desto vorteilhafter ist das für seinen Erfolg. Über 2200 Unternehmen, über 7300 Einzelpersonen und über 90 Politiker:innen sind bereits dabei.

→ **web.ecogood.org**

Als Sammelbecken für Menschen und Organisationen, die neue Wege jenseits des materialistischen Wachstumsdenkens suchen und ausprobieren, dient das *Netzwerk Wachstumswende*. Alle Menschen mit Ideen können hier Freund:innen finden.

→ **wachstumswende.de**

Die Mitglieder:innen der *Initiative für Natürliche Wirtschaftsordnung INWO* wissen, dass das Geld ein Dreh- und Angelpunkt des modernen Wirtschaftens ist. Im gegenwärtigen System vermehrt sich Geld durch Geld in unglaublichen Mengen, ohne der Wirtschaft – d.h. allen Menschen – einen Nutzen zu bringen. Sie möchten das grundsätzlich ändern … wobei das bedingungslose Grundeinkommen für alle nur ein Schritt von vielen ist.

→ **inwo.de**

Attac ist wohl die bekannteste weltweite Protestbewegung gegen die Auswüchse von Kapitalismus, Massenkonsum und Globalisierung. Die Organisation ist in hunderten von Regional- und Arbeitsgruppen aktiv. Soziale und ökologische Gerechtigkeit für alle Menschen der Welt sind das Ziel, auf das medienwirksam hingearbeitet wird.

→ **attac.de**

Menschenrechte stärken

Die Organisation *Human Rights Watch* untersucht Vorwürfe zu Menschenrechtsverletzungen und berichtet anschließend öffentlichkeitswirksam darüber. Dabei geht es vor allem um die Unterdrückung von Minderheiten oder Frauen, um bestechliche Regierungen und den Missbrauch staatlicher Gewalt wie Folter und Isolationshaft.

→ **hrw.org**

Die wohl bekannteste Menschenrechtsorganisation ist *Amnesty International*. Das Motto der Organisation lautet »Gerechtigkeit globalisieren!«. Besonderheiten von Amnesty sind die langfristige Betreuung politischer Gefangener und Eilaktionen, um auf drohende Menschenrechtsverletzungen schnell reagieren zu können.

→ **amnesty.de**

Die Organisation *medico international* kämpft vor allem in Kriegs- und Krisengebieten für die Menschenrechte – hier insbesondere für das Recht aller Menschen auf Gesundheit – und leistet gleichsam Nothilfe in Katastrophensituationen. Wesentlich für die Arbeit von medico ist die partnerschaftliche Zusammenarbeit mit örtlichen Organisationen – vor allem in Afrika, Asien und Lateinamerika.

→ **medico.de**

Während Arbeitszeiten von bis zu 70 Stunden pro Woche vor 150 Jahren zweifellos für jede:n erkennbar die Menschenrechte auf körperliche Unversehrtheit, Selbstbestimmung und angemessenen Lebensstandard verletzt haben, werden die heutigen knapp 40 Stunden von vielen Menschen ohne Widerspruch akzeptiert. Würden die Gewinne der Unternehmen gerechter verteilt, sowie im Hinblick auf zunehmende Automatisierung und die Kosten der Arbeitslosigkeit, wären 25 bis 30 Stunden bei vollem Lohnausgleich jedoch machbar und eindeutig gerechter. Dafür gibt es die Initiative:

→ **arbeitszeitverkuerzung-jetzt.de**

Die Kunst dient (u.a.) dazu, den Betrachtern neue Blickwinkel auf die Welt um uns herum zu eröffnen. Das *Zentrum für politische Schönheit* ist eine Gruppe von Aktionskünstlern, die durch »Bewusstmachung« die Menschenrechte in den Brennpunkt rückt.

→ **politicalbeauty.de**

Gerechtigkeit für alle Völker

Gerade religiöse, sprachliche oder ethnische Minderheiten, die von größeren Gruppen in unterschiedlicher Weise beherrscht werden, leiden viel häufiger und massiver als wir unter Menschenrechtsverletzungen. Das reicht von wirtschaftlicher Ausbeutung und Rassismus über Verbote von Bräuchen oder der eigenen Sprache bis hin zu Vertreibung, Versklavung und Völkermord. Die *Gesellschaft für bedrohte Völker* deckt solche Fälle auf und versucht öffentlichen Druck auf die Verursacher und Treiber der Missstände auszuüben.

→ **gfbv.de**

Survival International nimmt sich besonders dem Schutz der letzten Gemeinschaften an, die noch im Einklang mit der Natur leben (wollen). Da sie praktisch nirgends auf der Welt wirklich unbeeinflusst ihre Lebensumstände bestimmen dürfen und ständig »modernen Gefahren« ausgesetzt sind, benötigen sie besonders viel Hilfe. Bei ihnen geht es zuerst einmal um die Anerkennung ihrer Lebensweisen als gleichberechtigte Gesellschaftsmodelle, die nicht schlechter sein müssen als unsere Art zu leben. Dies macht sie allerdings automatisch angreifbar, sodass Regierungen und Konzerne oftmals keinerlei Rücksicht nehmen, wenn es etwa um Rohstoffe geht, die in den Gebieten solcher Menschen zu finden sind.

→ **survivalinternational.de**

Indianer gibt es immer noch! Doch sie leben schon lange nicht mehr so wie zu Sitting Bulls Zeiten. Die einzige deutsche Gruppe, die sich mit Leib und Seele den mannigfaltigen Problemen der immer noch benachteiligten nordamerikanischen Ureinwohner:innen verschrieben hat, ist die *Aktionsgruppe Indianer und Menschenrechte*.

→ **aktionsgruppe.de**

Wir sind viele … richtig viele … und immer noch mehr! Das an sich bringt schon viele globale Probleme mit sich. Die *Deutsche Stiftung Weltbevölkerung* möchte darüber aufklären und setzt sich für das Menschenrecht auf Familienplanung und damit für die Verlangsamung des Bevölkerungswachstums ein. Dabei geht es um Sexualaufklärung, aber natürlich ebenso um die Gesundheit und die Gleichstellung der Geschlechter.

→ **dsw.org**

Eine bessere Zukunft gestalten

Menschen sind am ehesten bereit, Verantwortung zu übernehmen, wenn sie die positiven Auswirkungen solchen Handelns erkennen. *FÜR EINE BESSERE WELT* ist ein Internet-Magazin, das zeigen möchte, wie viele positive Ideen, Menschen, Projekte, Organisationen und Visionen es in unserer Welt bereits gibt. Sie sollen als Vorbilder dienen und zum Nachahmen und eigenen Taten anregen.

→ **fuereinebesserewelt.info**

taz.FUTURZWEI ist eine vierteljährlich erscheinende, zukunftsorientierte Politikzeitschrift, die sich für das Projekt einer »zukunftsfähigen, enkeltauglichen, offenen Gesellschaft« einsetzt. Die Autor:innen möchten ihre Leser über die Zusammenhänge informieren und sie unterstützen, selbst ökologisch zu leben.

→ **taz.de/!p5099**

Die Bewegung *Transition Initiativen* versteht sich als ganzheitliches Netzwerk für neue, zukunftsfähige Gemeinschaften, die eines äußeren und inneren Wandels – etwa nachhaltige Landnutzung (Permakultur), Gemeinwohl-Ökonomie, gewaltfreie Verständigung, aber auch Achtsamkeit und spirituelle Tiefenökologie – bedürfen. Unter dem Motto »Einfach. Jetzt. Machen« haben sich bereits mehr als 150 örtliche Gruppen und »Transition towns« im deutschsprachigen Raum angeschlossen. Weltweit sind es etwa 4000 Gruppen.

→ **transition-initiativen.org**

Im Jahr 2000 begann die Zukunft! Die internationale *Erd-Charta* wurde verabschiedet und der Welt vorgestellt. Dabei handelt es sich um eine Deklaration – also eine Erklärung mit dem Anspruch weltweiter Gültigkeit – der ethisch-moralischen Grundsätze für eine gerechte, nachhaltige und friedfertige globale Gesellschaft, die alle Menschen gleich welchen Glaubens anerkennen können. Die Erd-Charta beruht auf Völkerrecht, Wissenschaft, Philosophien und Religionen und wurde in einem mehr als zehnjährigen, offenem Prozess entwickelt, an dem weltweit Tausende von Menschen beteiligt waren. Jede:r kann die Erd-Charta unterzeichnen. Je mehr Menschen es werden, desto eher rückt das größte Ziel ins Blickfeld: Die Anerkennung der Erd-Charta durch die Vereinten Nationen.

→ **erdcharta.de**

*»Lasst uns nicht im Getöse der Zerstörung
das langsame Entfalten des Neuen übersehen!«*

Hans-Peter Dürr (1929–2014)

[1]   Abosch, Heinz: *Das Ende der grossen Visionen: Plädoyer für eine skeptische Kultur*, Junius, Hamburg 1993

[2]   Antes, Peter (Hrsg.): *Christentum und europäische Kultur. Eine Geschichte und ihre Gegenwart*, Herder, Freiburg/Basel/Wien 2002

[3]   Antes, Peter (Hrsg.): *Daran glauben wir. Vielfalt der Religionen*, Vollständig überarbeitete Neuauflage, Lutherisches Verlagshaus, Hannover 2012

[4]   Antes, Peter: *Grundriss der Religionsgeschichte. Von der Prähistorie bis zur Gegenwart (Theologische Wissenschaft / Sammelwerk für Studium und Beruf, Band 17)*, Kohlhammer, Stuttgart 2006

[5]   Antweiler, Christoph: *Heimat Mensch: Was uns alle verbindet*, Murmann, Hamburg 2009

[6]   Bähr, Hans Walter; Schweitzer, Albert: *Die Ehrfurcht vor dem Leben. Grundtexte aus fünf Jahrzehnten*, 10. Auflage, C.H.Beck, München 2013

[7]   Baldus, Frank und die Cronenberger Ranger: *Denkmodelle. Auf der Suche nach der Welt von morgen*, Nunatak, Wuppertal 2001

[8]   Bandelow, Borwin: *Das Angstbuch. Woher Ängste kommen und wie man sie bekämpfen kann*, 10. Auflage, Rowohlt, Hamburg 2013

[9]   Barber, Benjamin R.: *Consumed! Wie der Markt Kinder verführt, Erwachsene infantilisiert und die Demokratie untergräbt*, C.H.Beck, München 2007

[10] Benz, Marion: *Die Neolithisierung im Vorderen Orient*. 2., kaum veränderte Auflage, Ex oriente, Berlin 2008

[11] Boff, Leonardo: *Die Erde ist uns anvertraut. Eine ökologische Spiritualität*, Butzon & Bercker, Kevelaer 2010

[12] Bossel, Hartmut: *Umweltwissen. Daten, Fakten, Zusammenhänge (German Edition)*, 2. Auflage, Springer-Verlag, Berlin/Heidelberg/New York 1994

[13] Bregman, Rutger: *Utopien für Realisten: Die Zeit ist reif für die 15-Stunden-Woche, offene Grenzen und das bedingungslose Grundeinkommen.* Rowohlt, Reinbek bei Hamburg 2017

[14] Broszies, Christoph; Hahn, Henning (Hrsg.): *Globale Gerechtigkeit – Schlüsseltexte zur Debatte zwischen Partikularismus und Kosmopolitismus*, Suhrkamp, Frankfurt am Main 2010

[15]   Bucher, Anton: *Psychologie der Spiritualität*. 2. Auflage, Beltz, Weinheim/Basel 2014

[16]   Butter, Michael: *»Nichts ist, wie es scheint«. Über Verschwörungstheorien*, Suhrkamp, Frankfurt am Main 2018

[17]   Capra, Fritjof: *Verborgene Zusammenhänge*. 1. Auflage, Scherz, Bern/München/Wien 2002

[18]   Davies, Paul: *Der Plan Gottes. Das Rätsel unserer Existenz und die Wissenschaft*, Insel, Frankfurt 1996

[19]   Ditfurth, Hoimar von: *Der Geist fiel nicht vom Himmel*. 2. Auflage, Hoffmann und Campe, Hamburg 1979

[20]   Ditfurth, Hoimar von: *So laßt uns denn ein Apfelbäumchen pflanzen. Es ist soweit*, Gebundene Ausgabe, Rasch und Röhring, Hamburg 1985

[21]   Dobelli, Rolf: *Die Kunst des digitalen Lebens: Wie Sie auf News verzichten und die Informationsflut meistern*, Gebundene Ausgabe, Piper, München 2019

[22]   Eichhoff, Isabell: *Religion Wirtschaft Ethik. Wirtschaftsethische Aspekte von Judentum, Christentum und Islam*, Akademie-Verlag, Berlin 2012

[23]   Eisenstadt, Shmuel N.; Opolka, Uwe: *Paradoxien der Demokratie – Die politische Theorie auf der Suche nach dem Politischen*, Humanities Online, Frankfurt am Main 2005

[24]   Felber, Christian: *Gemeinwohl-Ökonomie*. 3. komplett aktualisierte und erweiterte Taschenbuchausgabe, Piper, München 2018

[25]   Foer, Jonathan Sebastian: *Wir sind das Klima: Wie wir unseren Planeten schon beim Frühstück retten können*, Kiepenheuer & Witsch, Köln 2019

[26]   Forbes, Jack D.: *Die Wétiko-Seuche. Eine indianische Philosophie von Aggression und Gewalt*, Taschenbuchausgabe, Peter Hammer Verlag, Wuppertal 1981

[27]   Fromm, Erich: *Anatomie der menschlichen Destruktivität*. 86. – 100. Tsd. Ausgabe, Rowohlt, Reinbek bei Hamburg 1977

[28]   Fromm, Erich: *Haben oder Sein. Die seelischen Grundlagen einer neuen Gesellschaft*, 36. Auflage, Deutscher Taschenbuchverlag, München 2009

[29]   Gilbert, Paul; Choden: *Achtsames Mitgefühl. Ein kraftvoller Weg, das Leben zu verwandeln*, 1. Auflage, Arbor, Freiburg i.

Breisgau 2014

[30] Glasenapp, Helmuth von: *Die fünf Weltreligionen. Brahmanismus, Buddhismus, Chinesischer Universismus, Christentum, Islam*, 3., ungekürzte Taschenbuchausgabe, Heyne, München 1993

[31] Goldsmith: *Der Weg. Ein ökologisches Manifest.* 1. Auflage, Bettendorf, München 1996

[32] Göpel, Maja: *Unsere Welt neu denken. Eine Einladung*, 8. Auflage, Ullstein, Berlin 2020

[33] Gorz, André: *Auswege aus dem Kapitalismus. Beiträge zur politischen Ökologie*, 2. Auflage. Rotpunktverlag, Zürich 2009

[34] Gorz, André: *Kritik der ökonomischen Vernunft. Sinnfragen am Ende der Arbeitsgesellschaft*, Rotbuch, Berlin 1989. (Neuauflage Rotpunktverlag), Zürich 2009

[35] Grgic, Marianna; Züchner, Ivo: *Medien, Kultur und Sport. Was Kinder und Jugendliche machen und ihnen wichtig ist. Die MediKuS-Studie*, 2. Auflage, Beltz Juventa, Weinheim/Basel 2013

[36] Grundwald, Armin; Simonidis-Puschmann, Melanie (Hrsg.): *Handbuch Technikethik*. J.B.Metzler, Stuttgart/Weimar 2013

[37] Hahn, Anja von: *Traditionelles Wissen indigener und lokaler Gemeinschaften zwischen geistigen Eigentumsrechten und der public domain.* Max-Planck-Institut für ausländisches öffentliches Recht und Völkerrecht, Springer, Heidelberg u. a. 2004

[38] Harding, Stephan: Lebendige Erde. *Gaia – Vom respektvollen Umgang mit der Natur*, Heinrich Hugendubel Verlag, Kreuzlingen/München 2008

[39] Harris, Marvin und Schomburg-Scherff, Sylvia M.: *Kulturanthropologie – Ein Lehrbuch*, Campus, Frankfurt/New York 1989

[40] Haunss, Sebastian; Sommer, Moritz (Hrsg.): *Fridays for Future – Die Jugend gegen den Klimawandel: Konturen der weltweiten Protestbewegung*, transcript, Bielefeld 2020

[41] Häusler, Richard: *Erfundene Umwelt: Das Konstruktivismus-Buch für Öko- und andere Pädagogen*, oekom, München 2005

[42] Heinrichs, Johannes: *Revolution der Demokratie. Eine Realutopie für die schweigende Mehrheit*, Maas, Berlin 2003

[43] Junker, Stefan: *Wie verteidigt man die Demokratie. Eine Anleitung für Anfänger und Fortgeschrittene*, Books on Demand, Norderstedt 2018

[44] Kafka, Peter: *Gegen den Untergang. Schöpfungsprinzip und globale Beschleunigungskrise.* Hanser, München/Wien 1994

[45] Kocka, Jürgen: *Geschichte des Kapitalismus.* C.H.Beck, München 2017,

[46] Kolbert, Elizabeth; Bischoff, Ulrike: *Das sechste Sterben. Wie der Mensch Naturgeschichte schreibt,* 2. Auflage, Suhrkamp, Frankfurt am Main 2016

[47] Krebs, Angelika (Hrsg.): *Naturethik – Grundtexte der gegenwärtigen tier- und ökoethischen Diskussion,* Suhrkamp, Frankfurt am Main 1997

[48] Krebs, Angelika: *Arbeit und Liebe. Die philosophischen Grundlagen sozialer Gerechtigkeit,* Suhrkamp, Frankfurt am Main 2002

[49] Küster, Hansjörg: *Geschichte des Waldes. Von der Urzeit bis zur Gegenwart,* C.H.Beck, München 2013

[50] Lanius, Karl: *Die Erde im Wandel. Grenzen des Vorhersagbaren,* Spektrum Akademischer Verlag, Heidelberg/Berlin 1995

[51] László, Ervin: *System-Theorie als Weltanschauung.* Diederichs, München 1998

[52] Lenk, Hans (Autor), Ropohl, Günter (Hrsg.): *Technik und Ethik. (Reclams Universal-Bibliothek),* 2. Auflage, Reclam, Stuttgart 1987

[53] Lesch, Harald; Forstner, Ursula: *Wie Bildung gelingt. Ein Gespräch, Die Ursachen der Bildungskrise und Impulse für eine Bildungsreform. Argumente für eine wichtige Gesellschaftsdebatte mit den Thesen von Alfred North Whitehead,* wbg Theiss, Darmstadt 2020

[54] Lévi-Strauss, Claude: *Das wilde Denken.* Original: *La pensée sauvage.* 18. Auflage, Übersetzung von Hans Naumann. Suhrkamp, Frankfurt am Main 1973

[55] Lietaer, Bernard A.: *Die Welt des Geldes.* Gebundene Ausgabe, Arena, Würzburg 2001

[56] Lietaer, Bernard; Arnsperger, Christian; Goerner, Sally; Brunnhuber, Stefan: *Geld und Nachhaltigkeit. Von einem überholten Finanzsystem zu einem monetären Ökosystem. Ein Bericht des Club of Rome / EU Chapter,* Europa Verlag, Berlin 2013

[57] Lorenz, Konrad: *Der Abbau des Menschlichen.* 6. Auflage, Piper, München 1995

[58] Lovelock, James: *Gaia: Die Erde ist ein Lebewesen.* Scherz,

Bern/München/Wien 1992

[59] Luhmann, Niklas: *Soziale Systeme. Grundriß einer allgemeinen Theorie*, 1. Auflage, Suhrkamp, Frankfurt am Main 1993

[60] Lütke, Oliver: *Qualität und Kulturelles Kapital. Wie Haltungen das Ergebnis von Handlungen beeinflussen*, 3. Auflage, dissertation.de – Winter Industries, Berlin 2007

[61] Manemann, Jürgen: *Demokratie und Emotion. Was ein demokratisches Wir von einem identitären Wir unterscheidet.* transcript, Bielefeld 2019

[62] Mann, Michael E.; Toles, Tom: *Der Tollhauseffekt. Wie die Leugnung des Klimawandels unseren Planeten bedroht, unsere Politik zerstört und uns in den Wahnsinn treibt*, Telepolis, Erlangen 2018

[63] Mentzos, Stavros: *Der Krieg und seine psychosozialen Funktionen. (Sammlung Vandenhoeck) (Berichte Und Studien)*, 2. Auflage – Neufassung, Vandenhoeck & Ruprecht, Göttingen 2002

[64] Merkel, Wolfgang; Puhle, Hans-Jürgen et al.: *Defekte Demokratie. Band 1: Theorie*, Springer, Wiesbaden 2003

[65] Meyer-Abich, Klaus Michael: *Wissenschaft für die Zukunft. Holistisches Denken in ökologischer und gesellschaftlicher Verantwortung*, C.H.Beck, München 1995

[66] Natke, Hans Günther: *Modelle und Wirklichkeit. Eine systemische Betrachtung*, Unser Verlag, Hannover 1999

[67] Parzinger, Hermann: *Die Kinder des Prometheus. Eine Geschichte der Menschheit vor der Erfindung der Schrift*, C.H. Beck, München 2014

[68] Peck, M. Scott (Autor); Brase, Götz: *Gemeinschaftsbildung. Der Weg zu authentischer Gemeinschaft*, 3. Auflage, Blühende Landschaften – Eurotopia, Beetzendorf 2014

[69] Popper, Karl: *Ich weiß, daß ich nichts weiß, und kaum das. Karl Popper im Gespräch über Politik, Physik und Philosophie*, Ullstein, Frankfurt am Main 1991

[70] Precht, Richard David: *Künstliche Intelligenz und der Sinn des Lebens. Ein Essay*, 1. Auflage, Goldmann, München 2020

[71] Radkau, Joachim: Natur und Macht. *Eine Weltgeschichte der Umwelt*, Beck, München 2000

[72] Rahmstorf, Stefan; Schellnhuber, Hans Joachim: *Der Klimawandel: Diagnose, Prognose, Therapie*, 9. Auflage, C.H.Beck, München 2019

[73] Raspé, Carolin: *Die tierliche Person. Vorschlag einer auf der Analyse der Tier-Mensch-Beziehung in Gesellschaft, Ethik und Recht basierenden Neupositionierung des Tieres im deutschen Rechtssystem*, 1. Auflage, Duncker & Humblot, Berlin 2013

[74] Rheinz, Hanna: *Die manipulierte Seele*. Trias, Stuttgart 1998

[75] Rosa, Hartmut: *Beschleunigung und Entfremdung*. Suhrkamp, Frankfurt am Main 2013

[76] Sartory, Gertrude; Sartory, Thomas; Gandhi, Mahatma: *Denken mit Mahatma Gandhi. Auswahl aus den Schriften (detebe)*, Diogenes, Zürich 2006

[77] Scheer, Hermann: *Energieautonomie. Eine neue Politik für erneuerbare Energien*, Antje Kunstmann Verlag, München 2005

[78] Scheer, René; Butzer-Strothmann, Kristin; Peuser, Martina et al.: *Ethik in der Wirtschaft – Zwischen Moral und Profit*. 1. Auflage, Cuvillier, Göttingen 2016

[79] Scheppach, Joseph: *Das geheime Bewusstsein der Pflanzen. Botschaften aus einer unbekannten Welt*, Droemer Knaur, München 2009

[80] Schmidt, Bettina E.: *Einführung in die Religionsethnologie. Ideen und Konzepte*, 2., durchgesehene Auflage, Reimer, Berlin 2015

[81] Schor, Juliet: *Wahrer Wohlstand. Mit weniger Arbeit besser leben*, oekom, München 2016

[82] Schreck, Philipp; Aaken, Dominik van: *Theorien der Wirtschafts- und Unternehmensethik*. Suhrkamp, Frankfurt am Main 2015

[83] Schumacher, Eva: *Montessori-Pädagogik verstehen, anwenden und erleben. Eine Einführung*, Beltz, Weinheim 2016

[84] Schwald, Christian Michael: *Religionsgeprägte Weltkulturen in ökonomischen Theorien. (Wirtschaft & Raum, Bd. 3)*, VVF Florentz, München 1999

[85] Simon, Fritz B.: *Einführung in Systemtheorie und Konstruktivismus*. 8. Auflage, Carl-Auer-Systeme, Heidelberg 2017

[86] Skirbekk, Gunnar: *Wahrheitstheorien – Eine Auswahl aus den Diskussionen über Wahrheit im 20. Jahrhundert*, Suhrkamp, Frankfurt am Main 1977

[87] Stone, Christopher D.: *Haben Bäume Rechte? Plädoyer für die Eigenrechte der Natur*, 1. Auflage, think oya, Klein Jasedow 2014

[88] Thierbach, Paul: *Auf dem Weg zu einer allgemeinen Theorie des Glücks. Bestandsaufnahme der Glücksforschung*, GRIN-Verlag, München 2010

[89] Trinkwalder, Sina: *Fairarscht: Wie Wirtschaft und Handel die Kunden für dumm verkaufen.* Knaur, München 2016

[90] Tworuschka, Udo; Klöcker, Michael (Hrsg.): *Ethik der Weltreligionen. Ein Handbuch*, wbg Academic, Darmstadt, 2015

[91] Vester Frederic: *Neuland des Denkens. Vom technokratischen zum kybernetischen Zeitalter*, dtv, München 1988

[92] Voland, Eckart; Voland, Renate: *Evolution des Gewissens: Strategien zwischen Egoismus und Gehorsam*, Hirzel, Stuttgart 2014

[93] Voland, Eckart: *Die Natur des Menschen. Grundkurs Soziobiologie*, C.H.Beck, München 2007

[94] Voland, Eckart: *Soziobiologie: Die Evolution von Kooperation und Konkurrenz*, Spektrum, Heidelberg/Berlin/Oxford 2009

[95] Vollmer, Gerhard: *Biophilosophie. (Reclams Universal-Bibliothek)*, Reclam, Stuttgart 1995

[96] Weizsäcker, Ernst Ulrich von; Lovins, Armory B.; Lovins, L. Hunter: *Faktor Vier. Doppelter Wohlstand - halbierter Verbrauch*, Knaur, München 1997

[97] Welzer, Harald: *Alles könnte anders sein. Eine Gesellschaftsutopie für freie Menschen*, 3. Auflage, S. Fischer, Frankfurt am Main 2019

[98] Wernicke, Jens: *Lügen die Medien? Propaganda, Rudeljournalismus und der Kampf um die öffentliche Meinung*, Westend, Frankfurt am Main 2017

[99] Willemsen, Roger: *Wer wir waren. Zukunftsrede*, 2. Auflage, S. Fischer, Frankfurt am Main 2016

[100] Wilson, Edward O.; Ranke, Elsbeth: *Der Sinn des menschlichen Lebens.* C.H.Beck, München 2015

[101] Wilson, Edward O.: *Der Wert der Vielfalt. Die Bedrohung des Artenreichtums und das Überleben des Menschen*, Piper, München 1996

[102] Wuketits, Franz M: *Mord. Krieg. Terror. Sind wir zur Gewalt verurteilt?* Hirzel, Stuttgart 2015

[103] Wunn, Ina: *Barbaren, Geister, Gotteskrieger Die Evolution der Religionen – entschlüsselt*, Springer Berlin/Heidelberg 2018

Abbildungsverzeichnis

Danksagung

Zweifellos gebührt mein größter Dank sowohl meinem besten Freund Hanspeter Bellers als auch meiner Frau Sabine!

Sabine hat Stilblüten ausgemerzt und Bandwurmsätze entzerrt sowie die Gesamtwirkung kritisch überprüft. Das rechne ich ihr besonders hoch an, denn angesichts der entmutigenden Entwicklungen auf der Erde wollte sie ursprünglich nicht lektorieren. Trotzdem hat sie mich in vielen Gesprächen über »Gott und die Welt« bei etlichen Tassen Kaffee auf der Couch immer wieder »auf Spur« gebracht und viele Einfälle angeregt, die mir allein nicht gekommen wären.

Hanspeter hat hingegen viel Zeit und Mühe investiert, um etliche Textversionen immer wieder zu lesen, zu verstehen und zu korrigieren. Auch mit ihm gab es »philosophische Gesprächsrunden«, die für den Inhalt des Buches sehr wertvoll waren.

Insbesondere haben beide immer wieder darauf gedrungen, die hoffnungsvollen Gesichtspunkte der Entwicklung – auch wenn es nach meiner Ansicht noch »zarte und bedrohte Pflänzchen« sind – deutlicher herauszustellen. Dafür eine tiefe Verbeugung vor beiden.

Ein ebenso großer Dank geht an unsere Tochter Inga, die das faszinierende Titelbild gestaltet hat und die mir mit ihrem feinsinnigem Weitblick und gelebter Hoffnung die bedrückende Wirkung mancher Aussagen deutlich gemacht hat.

Auch unserer Freundin Monika Bilstein möchte ich für die wertvollen Hinweise aus Verlagssicht danken.

Außerdem verneige ich mich vor der Heerschar von Hoffnungsträger:innen, die in den 100 skizzierten Projekten aktiv sind. Ohne sie hätte ich dieses Buch nicht schreiben brauchen.

Zuguterletzt möchte ich mich auch bei meinen großen Vorbildern im Geiste bedanken – und sei es posthum –, deren Weisheit mir immer wieder bestätigt hat, dass meine Auffassungen und Schlussfolgerungen so falsch nicht sein können:

Erich Fromm, Edward Goldsmith, Albert Schweitzer, Hoimar von Ditfurth, Mahatma Gandhi, James Lovelock, Ervin Laszlo, Harald Welzer, Ernst Ulrich von Weizsäcker, Paul Davies, Dalai Lama Tenzin Gyatso, Heinz Abosch, Gerhard Vollmer, Claude Lévi-Strauss, Jack D. Forbes, Konrad Lorenz und Anagarika Govinda.

Frank Baldus

Sjaunja
Die Weisheit der Wildnis

Eine Verkettung unglücklicher Umstände, immer tiefer in die Wildnis, endlose Moore, Birkendjungel, tiefe Flüsse, eisige Nächte, riesige Felsen, nackte Angst ...

Spannend und gekonnt berichtet der Autor von einer Durchquerung eines der letzten zusammenhängenden Wildnisgebiete Europas: Sjaunja in Lappland. Die Strapazen dieser Wanderung veranlassen den Autor, über die eigene Existenz nachzudenken. Aus der Grenzerfahrung wird eine philosophische Trekkingtour voller Demut und mit vielen Erkenntnissen über unser Sein im Großen Ganzen.

PUCH-Verlag, 240 S., 25 Abb. gebunden, Göttingen 1997
ISBN 3-935694-00-8

Denkmodelle
Auf der Suche nach der Welt von morgen

Ungewöhnliche und zum Teil überraschende Zugänge zu den großen Fragen des Lebens in einem breit gespannten Bogen von der Wissenschaft über die Philosophie bis zur Religion in einer leicht verständlichen Sprache.

»In bewundernswerter Sorgfalt haben die Ranger eine ganzheitliche Weltanschauung formuliert, die alles andere als weltfremd ist! Wenn dieses Buch das Denken und Handeln seiner Leser nur ein bißchen verändern kann, dann ist wieder ein Schritt getan auf dem Weg zu einer zukunftsfähigen Gesellschaft.« *Dr. Ernst Ulrich von Weizsäcker*

NUNATAK, 556 S., zahlreiche Abb., Paperback, Wuppertal 2001
ISBN 3-935694-01-6

Beide Bücher direkt vom Autor für jeweils 10 Euro beziehen (inkl. Versandkosten): E-Mail an »bestellung@weltgespuer.de«

Zeitfracht Medien GmbH
Ferdinand-Jühlke-Straße 7
99095 Erfurt, Deutschland
produktsicherheit@kolibri360.de